Dans la même collection

Être juif aujourd'hui
Quand les peurs deviennent phobies
La boulimie, sortir de l'engrenage
Modifier son corps
En finir avec vos complexes
La vie avec un seul parent
Être musulman aujourdhui
L'anorexie, sortir du tunnel
Filles-garçons, les mêmes droits ?
Filles-garçons, êtes-vous faits pareils ?
Comment vivre avec ses parents ?
L'homosexualité à l'adolescence
L'alcool, un drôle d'ami
La première fois
Les filles, votre corps change
Les filles, quelle femme serez-vous ?
Infos santé jeunes
Être belle en 24 h chrono
Premiers sentiments amoureux
Premières expériences sexuelles
Se droguer, c'est risqué
Héroïne, cocaïne… voyage interdit
Quel métier pour plus tard ?
Premiers pas dans la vie active
Les jeunes filles et leur corps
Les jeunes filles et leurs sentiments
Handicap… le guide de l'autonomie
Découvrez tous vos droits
L'ado en famille
L'ado et les autres
Bien dans sa tête, bien dans son corps
Amour et amitié

Connectez-vous sur :
www.lamartiniere.fr

2, rue Christine - 75006 Paris

Quand les violences vous touchent

Texte
Maryse Vaillant
Christine Laouénan

Illustrations
Philippe Livache

De La Martinière
Jeunesse

SOMMAIRE

J'ai entendu grosse vache ? ...
Vous vous méprenez, mademoiselle !
Madame !
Mes respects...

Bonjour à vous tous

La violence est naturelle, culturelle, sociale. Elle est inévitable, mais elle n'est pas notre maître. Nous, les humains, vous les jeunes, comme nous les aînés, nous avons les moyens de la dépasser, de la dominer, d'utiliser sa force, d'en faire une alliée. Ne nous laissons pas faire par cette machine à détruire.
Quelles violences subissent les adolescents ? De la poussée pubertaire qui brouille leurs repères physiques, aux troubles de la sexualité qui les écartent de leurs parents et les poussent vers leurs copains ; des débordements des contraintes éducatives ordinaires aux violences scolaires ; de la maison à l'école en passant par la rue : comment subir sans s'écrouler, souffrir sans mourir. Comment comprendre la violence pour mieux la dominer.

Maryse Vaillant

Un des besoins fondamentaux de chaque individu est le besoin de sécurité. Or l'acte de violence met en péril son équilibre en le faisant basculer d'une paix relative à une méfiance de tous les instants. C'est pour cette raison que la violence fait peur à tous.

Tout le monde s'inquiète de la violence visible faite de coups, d'injures et de fureur. Or il existe une autre violence sourde, discrète, mais tout aussi destructrice : celle qui peut, par un regard, un silence, un geste, dévaloriser l'autre et nier son droit à l'existence.

Pour lutter contre ces formes de violence et trouver des réponses adaptées, il faut d'abord les nommer, les reconnaître ; surtout, ne pas faire comme si nous n'étions pas concernés. Car l'indifférence encourage la violence.

La violence n'est pas une fatalité.

Christine Laouénan

LES VIOLENCES SUBIES PAR LES ADOS

1

La violence a pour effet de faire reculer la pensée ; elle ferme les yeux et les esprits, bloque les initiatives, entrave notre liberté. Or, avant d'exploser et de faire régner la peur, elle couve et fait des ravages dans l'ombre. Elle fait partie de notre vie intime, des tréfonds de notre âme et nous accompagne tout au long de notre existence.

À l'adolescence, les violences quotidiennes sont fréquentes et ordinaires. Devenir pubère, c'est une aventure à la fois excitante et pénible qui transforme le rapport aux autres et qui chamboule le rapport à soi-même, corps et âme. Beaucoup d'entre vous éprouvent des tourments cachés qui les obsèdent et ils subissent des violences intimes dont il leur est difficile de parler. Pour la plupart d'entre vous, des troubles de la puberté aux premières déceptions amoureuses, des vexations scolaires aux déchirements parentaux, de la solitude familiale à l'exclusion sociale, le chemin de la maturation est houleux.

COMMENT LA VIOLENCE EST VÉCUE PAR CHACUN

« Ce jour-là, je me dépêchais parce que j'avais rendez-vous avec mes potes pour faire une balade dans la forêt d'à côté. J'ai eu à peine le temps d'enfourcher mon VTT au bas de l'immeuble que je me suis fait bousculer par deux garçons du quartier. Ils m'ont frappé violemment sur la tête, avant de s'enfuir avec mon sac à dos.
Je me suis retrouvé par terre, complètement sonné. J'étais tellement sous le choc que je n'ai même pas pensé à crier, à appeler à l'aide ni même à courir après mes agresseurs. J'ai senti tout à coup les larmes qui montaient, irrépressibles. Je me sentais tellement impuissant face à cette violence soudaine, imprévisible ! Une fois passées la stupéfaction et la peur, j'ai senti la rage qui montait. Quel plaisir j'aurais eu à les écraser sur place... »

Guillaume, 15 ans.

Faire face à la violence des coups

La violence a été tellement brutale que Guillaume s'est trouvé pris de court. Comme un éclair dans un ciel serein, cette agression l'a saisi et traversé d'une façon si incompréhensible qu'il a été totalement déstabilisé.
Tétanisé par la peur, il s'est soumis à ses agresseurs en leur abandonnant son sac. Comment aurait-il d'ailleurs pu leur résister puisqu'il était seul face à deux adversaires ?
Une fois les voleurs envolés, Guillaume ressent le contrecoup physique de ce vol à l'arraché : il a le cœur qui palpite, la respiration qui s'accélère, l'estomac qui se contracte, les jambes qui se dérobent. Il est pris d'une envie soudaine de rentrer chez lui, à l'abri, et de pleurer. Il est en état de choc, victime d'un stress, c'est-à-dire d'une réponse à la fois physique et émotive à l'agression qu'il a subie. Cette réaction est d'autant plus violente qu'il n'a su ni pu répondre à l'attaque. D'ailleurs, comment aurait-il pu réagir ? Toutes les personnes qui ont subi une agression s'interrogent après coup : « J'aurais dû, j'aurais pu, si j'avais eu le courage, la force de... » Une fois l'effet de sidération passé, l'esprit se remet en marche, en inventoriant toutes les réactions possibles. Or, la plupart du temps, la victime d'une agression est précisément dans l'incapacité de réagir parce que le choc de la violence lui interdit de penser.
Si Guillaume avait répondu par des coups, il aurait provoqué une bagarre. Avec un peu de chance, il ne se serait rien passé de bien grave : un nez en sang, des vêtements déchirés. C'est le scénario favori de la personne qui s'est fait rosser : elle imagine les coups qu'elle aurait pu rendre pour que le conflit soit réglé sur-le-champ, sans qu'elle ait perdu la face.
Beaucoup d'adultes s'insurgent contre cette réponse aux coups par les coups parce qu'une bagarre met rarement fin aux conflits. En effet, après une première rixe, les vaincus peuvent en provoquer une autre, en guise de représailles ; ce qui aura pour conséquence une nouvelle agression,

à laquelle ils voudront répondre pour avoir le dernier mot… C'est une violence sans fin.
Nous ne sommes toutefois pas dans cette hypothèse ; Guillaume se retrouve sur le trottoir avec le cœur qui s'emballe et des pensées rageuses contre ses agresseurs. Il s'en veut terriblement de n'avoir pas pu riposter. À la violence que lui a fait subir son agresseur s'ajoutent maintenant les reproches qu'il s'adresse à lui-même. Il ne comprend pas pourquoi il n'a pas riposté, pourquoi il s'est ainsi laissé faire. Aussi se traite-t-il de lâche, de dégonflé, d'incapable… En somme, Guillaume se sent tout simplement coupable d'avoir été victime.

Le stress de l'agressé

Le terme « stress » a été créé dans les années cinquante par un chercheur canadien d'origine hongroise, Hans Seyle, qui a détaillé les réactions des individus soumis à des agressions. Elles varient selon les personnes et selon la durée du stress : sueurs froides, fatigue, malaise, tension musculaire, palpitations cardiaques, problèmes digestifs ou cutanés, insomnies, anxiété, dépression.
Ces manifestations de l'organisme qui échappent à notre contrôle sont commandées dans le cerveau par une petite glande appelée hypothalamus, véritable ordinateur d'où part l'ordre de réaction au stress. L'organisme y répond en accélérant la production de certaines hormones, comme le cortisol et l'adrénaline, qui vont permettre de s'adapter à l'agression et de réagir en conséquence. Grâce à ces hormones, vous pouvez donc vous préparer à l'action physique pour franchir l'obstacle. Si vous traversez la rue au moment où arrive une voiture, les hormones du stress vont déclencher en vous des mécanismes réflexes, comme un voyant lumineux qui vous signale le danger. Vous allez vivement reculer, sauter sur le trottoir pour éviter l'accident avant de vous poser un peu pour reprendre votre respiration. Vous avez eu chaud ! Le stress, ou syndrome général

d'adaptation, constitue donc un mécanisme de défense. Ces réactions peuvent être des réponses positives ou négatives aux événements de la vie. Le succès à un examen ou la naissance d'une petite sœur peuvent être des facteurs de stress, comme une agression, une injure ou un risque de retard à un rendez-vous : la réponse biologique de l'organisme est la même, elle permet de réagir de façon adéquate à l'événement.
Ces réponses dépendent toutefois de chaque individu. En effet, ce n'est pas l'événement qui est important, mais la façon dont chacun le perçoit, le subit, à un moment donné de son existence. Certains jours où vous êtes plus fragile, vous aurez une moindre capacité de résistance à l'agression, comme à la déception, au chagrin ou à l'angoisse…
Ainsi, tout changement dans la vie aura une charge différente, selon qu'il est subi, accepté ou désiré. Si vos parents décident de déménager, vous devrez changer de lycée. L'idée de quitter vos copains, votre environnement familier peut être pour vous un facteur de stress. En revanche, si vous désirez ardemment quitter votre lycée et retrouver des amis dans une autre ville, le déménagement ne vous contrariera pas.

De même, lors d'une agression où il faut réagir promptement à une attaque imprévue, les souffrances du corps et de l'esprit varient selon chacun. Certains seront tétanisés par la peur tandis que d'autres, plus combatifs ou moins émotifs, se défendront pied à pied contre leur adversaire. Quand certains fuiront ou tenteront de se cacher, d'autres attaqueront de front ou attendront leur heure pour se venger. L'éventail des réactions est large…

La fuite ou le combat

Face à une agression, l'individu réagit selon deux types de comportements réflexes, la fuite ou le combat, « *flight or fight* » comme disent les Anglo-Saxons. Nous devons ces instincts de protection à nos lointains ancêtres qui devaient lutter pour survivre : se protéger des prédateurs, attaquer les tribus ennemies…
Aujourd'hui, les temps ont changé, mais les réflexes de l'organisme restent les mêmes. Guillaume a réagi par la fuite (ou *flight*) sans riposter à ses agresseurs. Comme il n'a pas pu répondre d'une façon qui lui aurait semblé adéquate, il est mécontent de lui-même. Dès lors, il est susceptible de s'effondrer et de se replier sur lui-même.
Il a été contraint de subir une expérience qu'il n'a pas choisie ; aussi se découvre-t-il des réactions imprévisibles. À la peur, à la panique, aux larmes, succède alors une révolte qui risque de le conduire à des bouffées d'agressivité, au désir de se venger. Il veut revivre l'événement en changeant de rôle : de passif, il devient actif, de lâche ou faible, il se transforme en individu courageux, fort, téméraire !
Cet exemple montre bien que la violence de l'autre nous effraie parce qu'elle nous écrase, nous fait perdre tous nos moyens. L'espace d'un instant, nous n'existons plus parce que nous sommes livrés à la volonté d'autrui ; c'est ce qui nous rend vulnérables, impuissants, sans défense. L'agression nous fait revenir à l'âge du berceau, lorsque nous étions fragiles et totalement dépendants de nos

parents et du monde extérieur. La violence de l'autre réveille également notre propre violence. Lorsque nous ressassons le scénario en nous accordant le beau rôle, quelle énergie ne mettons-nous pas à montrer notre force, notre courage, voire notre sadisme… Comme il nous semble légitime de pouvoir nous laisser aller à la rage, nous ne nous privons pas. De quoi sommes-nous alors capables, jusqu'à quelle extrémité pouvons-nous aller ? C'est ainsi que la violence appelle la violence.
Certes, beaucoup d'individus se raisonnent, prennent le temps de réfléchir pour désamorcer la violence dont ils ont été victimes. Ils se donnent les moyens de s'extraire du traumatisme afin de retrouver les fils de leur existence. La violence subie peut alors être propice à un vrai questionnement sur soi et sur sa vie.

Comprendre le traumatisme

Au choc immédiat et à la déroute du stress peut succéder un état de malaise diffus qui peut aller jusqu'au traumatisme. Après une agression, nous pouvons conserver des séquelles visibles comme des hématomes, mais aussi des fragilités ou des blessures invisibles : l'esprit peut être blessé, sans que nous percevions très clairement où. Ainsi, nous ne savons jamais tout à fait ce qui a été touché en nous. Les effets d'une agression peuvent se manifester longtemps après qu'on l'a oubliée, des mois, voire des années après l'événement. Le corps peut être indemne et l'esprit atteint. Toutes les blessures ne sont pas visibles et ne se dévoilent pas toujours au même moment. Les individus réagissent à l'événement avec leur totale subjectivité, leur passé, leurs souffrances, leurs peurs…
Sur le coup, la victime peut rester sans voix et sans réaction, mais intérioriser une panique telle qu'elle risque de resurgir longtemps après, sous des formes variées. Cela peut se transformer en diverses somatisations, c'est-à-dire des expressions physiques d'un mal-être psychique : maux de tête, douleurs

au ventre, vertiges, insomnies, comportements étranges, peurs nouvelles… Ce sont les signes d'un traumatisme.
Vous avez sans doute rencontré des personnes qui tombaient malades après une période de cafard, des soucis au travail. Comme si l'organisme devait, à un moment donné, payer la facture du stress subi.
La scène de l'agression se joue en deux temps : le moment des faits et le temps de la mémoire. Les événements subis s'inscrivent dans le corps et dans la tête une première fois ; ensuite, ils peuvent être réactivés à un moment donné de l'existence, faute de n'avoir pu être « digérés ». Celui qui a les moyens d'exprimer sa souffrance face à une agression, de l'associer à son histoire pour mieux la comprendre, pourra tourner la page. Il a souffert, mais se guérit avec les bons moments de la vie.
En revanche, la victime qui se terre dans son silence, qui se contraint à oublier coûte que coûte l'attaque subie parce que le souvenir est trop douloureux, risque d'enfouir au plus profond d'elle-même l'agression, comme un poison à retardement. Un jour ou l'autre, une situation analogue ou même un incident banal déclenchera le retour des émotions enfouies.

Violence des mots : les injures

« Ce jour-là, j'avais pris rendez-vous avec un médecin que m'avait recommandé une amie. Je voulais, à l'insu de ma mère, me faire prescrire la pilule. En marchant sur le boulevard, je réfléchissais à ce que j'allais dire au médecin, à la séance de déshabillage que j'aurais inévitablement à subir, lorsque je me suis fait interpeller par deux adolescents. "Regarde cette fille, elle a une tronche de coq !" a crié un des garçons en me montrant du doigt. J'ai senti tout à coup mes jambes faiblir. Il m'a fallu beaucoup de courage pour aller malgré tout à mon rendez-vous. »

Carole, 16 ans.

La violence la plus visible est celle qui agresse le physique, celle qui atteint le corps. Mais la violence peut s'exprimer aussi de façon plus souterraine ; c'est la violence psychologique des mots, des injures, des moqueries qui touchent cruellement et peuvent provoquer des blessures tout aussi graves, quoique moins visibles.

Dans les cours de récréation, tout le monde y va de sa vanne ; on se « traite », on s'injurie. « Connard », « Grosse vache », « Bouffon », « Blaireau », « Tu t'es vu, on dirait un phoque... ». « Ce n'est pas grave, c'est un jeu », disent ceux qui se font les dents sur les plus faibles, pointant les petits détails douloureux. Mais voilà, dans ce jeu, tout le monde ne s'amuse pas.

Celui qui a été injurié serre les dents, il encaisse parce qu'il est touché, blessé et qu'il ressent une terrible brûlure : l'humiliation. Que s'est-il donc passé ? Pourquoi des mots peuvent-ils faire si mal ?

Pour le comprendre, songez à une caricature qui représente une version totalement déformée de la réalité : nez disproportionné, long cou, menton fuyant... Pour grossir certains traits, il importe de gommer le reste du visage.

Dans l'injure, le procédé est le même. Un mot suffit pour pointer un trait (physique, moral ou familial) et le déformer, lui accordant ainsi une importance capitale. Celui qui reçoit l'injure se voit ainsi réduit à un seul aspect de lui-même. À l'adolescence, il est particulièrement douloureux d'être soumis aux mots déformants des autres. Vous n'avez pas encore acquis une image de vous-même assez stable pour faire la part des choses. Aussi avez-vous tendance à croire que ceux qui profèrent des injures disent vrai. Vous vous sentez alors moche, sans intérêt, ridicule...

Si vous n'avez jamais souffert de surcharge pondérale, jamais entamé de régime miracle, et que vous entendez quelqu'un crier « grosse vache » dans le couloir du lycée, vous ne vous sentirez pas concerné par l'injure qui fuse dans l'air. Vous regarderez avec surprise et ironie celui qui vous traitera d'éléphant. « Quelle mouche le pique ? » vous direz-vous. Et vous aurez tout deviné : s'il a utilisé cette

injure et non une autre, c'est que la question du poids l'embête. Le recul vous a donné la clé : l'agresseur est également concerné par le problème qu'il pointe ! Celui qui s'attaque à l'autre souffre comme lui, mais l'ignore. Certes, les agresseurs peuvent être minces comme un fil ou ne pas porter de lunettes, mais la question du poids ou de la vue les concerne. Sinon, ils n'auraient pas attaqué sur ce front. Celui qui agresse verbalement ne contrôle pas une montée de rage qui le submerge. Aussi utilise-t-il les mots pour se soulager. Autrement dit, « c'est celui qui le dit qui y est » !

Subir sa propre violence

« Mes parents se plaignent de ne plus me reconnaître. En effet, jusqu'alors, j'étais obéissante et réservée. Aujourd'hui, je refuse de jouer ce rôle dans lequel ils m'avaient jusqu'alors enfermée. Alors, je boude pour un oui ou pour un non, je ne leur adresse quasiment plus la parole. Retranchée dans ma chambre, j'écoute à longueur de journée mes CD, je téléphone à mes copines et je rembarre ma mère qui me réprimande parce que je ne fais pas mes devoirs. Comment dire à mes parents que je suis en crise, que je suis mal dans ma nouvelle peau et que je voudrais avoir trois ans de plus ? Aussi, je me terre et me tais. »

Sabine, 16 ans.

« Je sens mon regard se troubler, je ne vois plus rien. Je suis comme habitée par une autre. J'ai beau essayer de me raisonner, je ne peux rien faire tant que je n'ai pas atteint un niveau de tension tel que ça éclate. Ensuite, je me sens toute bête, j'ai envie de pleurer, je voudrais qu'on me console mais j'ai honte de moi. Je vais me cacher. »

Cibelle, 17 ans.

Là où Sabine pratique l'art subtil de la bouderie, Cibelle use des cris et des scènes. Cette dernière trépigne, blêmit, saute sur place et s'en prend aux objets qui sont à sa portée. Ses parents connaissent ses crises et éloignent d'elle tout ce qui est précieux. « Je sais que cela passe très vite. Ensuite, elle s'excuse », dit sa mère. Cibelle se comporte comme une enfant capricieuse, incapable de dominer la montée de panique qui la submerge. Elle est prisonnière de ses rages.
Isabelle Filliozat, psychothérapeute, travaille depuis plus de vingt ans sur les émotions, sur l'« intelligence du cœur ». Selon elle, « c'est l'impuissance qui préside à la violence »… « La violence n'est pas la colère, elle est l'échec de la colère. » En effet, Cibelle subit l'emprise d'une émotion envahis-

sante qu'elle ne peut ni comprendre, ni contenir. Aussi déclare-t-elle l'état d'urgence pour ne pas souffrir, pour ne pas penser. Cibelle ne nous dit rien de sa rage intime, de la façon dont la colère l'habite. Elle s'interdit même d'en éprouver les nuances ou d'en penser les raisons : son explosion la préserve de ce qu'elle ne peut ni évacuer ni s'approprier.

À l'inverse, Sabine manifeste son agressivité envers sa famille en se repliant sur elle-même et ses états d'âme, coupant ainsi court à toute communication.

La bouderie est une agressivité qui ne peut exploser, mais qui s'affiche. Elle est une punition infligée autant aux autres qu'à soi-même. Celui qui boude s'enferme lui-même dans son désir de se faire mal en le montrant à tous. Si personne ne voit que vous boudez, quel intérêt y a-t-il à agir ainsi ? Mais attention, bien bouder est un art ! Il ne suffit pas de s'enfermer dans sa chambre, il faut le faire savoir. Claquer la porte, mettre la musique à fond ; aller chercher un Coca et montrer que vous ne dites rien ; passer et repasser devant votre mère sans lui adresser la parole. Savoir bouder, c'est être capable de montrer son mécontentement sans le dire, rien qu'avec sa manière d'être : un sourcil froncé, une bouche serrée, les épaules raides, le front plissé. C'est du mime et du théâtre, de l'expression corporelle !

Par la bouderie, Sabine exprime à ses parents son désir qu'on lui « fiche la paix ». Elle a besoin de prendre ses distances vis-à-vis d'eux, de s'opposer à leur ordre et à leur autorité. Or son silence, son refus de lien est aussi une violence exercée à l'égard des siens.

Entre la violence qui s'exprime et celle qui se tait, il y a peu de différences. Tout est dans la forme. Sur le fond, Sabine et Cibelle expriment chacune à leur façon la rage de ne pouvoir trouver encore leur propre espace, leur identité.

« Nous sommes tous des êtres violents ; c'est normal de se montrer agressif face à ce qu'on subit », nous explique Didier Lauru, psychiatre et psychanalyste. Qu'elle soit visible ou non, la violence vous habite. Toute la différence réside dans le traitement psychique que vous en ferez. D'où la nécessité de trouver un moyen d'expression de cette violence intime. La parole seule peut permettre de penser la violence et de choisir ce qu'on peut en faire.

LES TROUBLES DE LA PUBERTÉ ET DE L'ADOLESCENCE

« Dans un collège, je demandais à un groupe de délégués de classe de quatrième et de troisième comment ils préféraient qu'on les appelle : des jeunes, des collégiens, des élèves, des mineurs, des adolescents... ? Un garçon prit la parole et déclara : "Moi, je préfère qu'on dise des jeunes. Collégiens, lycéens ou élèves, c'est le langage de l'école ; mineurs, ça fait penser à la police ; adolescents, c'est... 'pubertaire' !" Ayant dit cela, il rougit et reprit sa place, un peu confus d'avoir employé le mot qu'il n'aimait pas. Autour de lui, ses collègues se mirent à rire. Tous étaient aussi gênés que lui. Une fille se leva alors et dit en riant : "L'âge ingrat, c'est celui des boutons ! L'adolescence, c'est celui des transformations ! Nous devenons tous et toutes des papillons." Alors, tous applaudirent. Le moment difficile était passé. »

Maryse Vaillant.

Quand la violence vient de l'intérieur de soi

En un sens, ce collégien avait raison. L'adolescence commence par la puberté, mais ce n'est pas une raison pour réduire un jeune à son dosage hormonal. Sinon, les enfants seraient appelés « prénubiles » et les grand-mères « ménopausées ». En même temps, le jeune homme avait tort, car l'adolescence est un phénomène beaucoup plus complexe et plus long que la puberté. C'est plus long : ne parle-t-on pas maintenant de la tranche d'âge des 12-25 ans ? C'est dire que l'adolescence est travaillée par d'autres forces et d'autres enjeux que le seul bouleversement pubertaire ! Reste qu'il vous faut comprendre en quoi ce passage est difficile à vivre et pourquoi il peut vous arriver de vous sentir honteux d'être considéré comme une personne « en pleine puberté » ! Vous pouvez vivre cette période comme une réelle violence intime.

En effet, les vagues déferlent à un moment où vous ne les attendiez pas, avec une force qui n'est pas nécessairement prévisible. Il y a des transformations tellement visibles qu'elles en sont gênantes : les jeunes filles s'inquiètent des règles qui surgissent sans crier gare et qui mettent des mois à s'installer régulièrement, des seins qui poussent de façon ostentatoire. Les garçons se préoccupent de la taille de leur sexe, de leur système pileux, de la fatigue qui les envahit… Vous risquez d'être troublé, voire déstabilisé ou même complètement dépassé par des sensations nouvelles qui vous font peur : sentiment d'irréalité, lourdeur, panique intime, désir de fuir ou de mourir, émois irraisonnés. Tout se bouscule : vous êtes ravi et inquiet de ce qui vous arrive. C'est le moment de la puberté qui métamorphose votre corps pour vous permettre de transmettre la vie.

Quelle responsabilité ! Inutile de s'étonner que cela provoque de grands changements dans vos rapports à vous-même et aux autres, notamment avec vos parents. Plus encore que la transformation physique, ce changement de statut va faire toute la différence et provoquer en vous, et en eux, un profond bouleversement émotionnel.

Parents d'amour quand vous étiez enfant, les parents deviennent lourds à l'adolescence. Petit, vous avez eu besoin de leurs câlins, de leurs bisous, de leur tendresse ; vous leur accordiez toutes les qualités. Une fois pubère, vous les regardez autrement, avec plus de lucidité, de cruauté et d'exigence. Ils sont descendus du piédestal sur lequel vous les aviez installés depuis votre plus jeune âge. Vous relativisez leurs qualités, vous découvrez leurs petits travers, leurs défauts ; ils vous énervent… Pourquoi ce changement de regard si lourd de conséquences sur la vie en famille ?
C'est parce qu'ils se révèlent à vous comme homme et femme, des êtres sexués. Il est donc difficile de les embrasser avec la même liberté, d'accepter qu'ils entrent dans la chambre ou dans la salle de bains sans prévenir. N'hésitez pas à protéger votre intimité en demandant à vos parents de s'éloigner. Cela ne signifie pas que vous avez moins

d'affection pour eux. Vous éprouvez simplement le besoin de les aimer autrement, de vous protéger d'une proximité qui vous troublerait. En effet, le bouleversement hormonal que vous subissez vous impose de mettre de la distance entre vous et les bras aimants de vos parents. C'est humain ! Depuis que l'homme est homme, il ne se reproduit pas en famille. On ne fait pas d'enfants avec ses parents, ses enfants, ni avec ses frères et sœurs.
L'adolescence est également un passage difficile pour les parents qui n'ont pas vu le temps passer et qui voudraient encore serrer leur petit dans les bras. Il va vous falloir cohabiter encore un certain temps avec des adultes qui ne vous comprennent pas toujours et qui croient encore tout vous apporter. D'où les conflits qui peuvent en découler... et la violence qui vous emporte parfois lorsque vous vous révoltez contre leurs décisions.
Pour vous, c'est une épreuve parce que vous n'avez pas toujours les moyens d'analyser ce passage « œdipien » comme une mise à distance salutaire pour votre équilibre futur. Cela vous tourmente d'autant plus que vos proches vous reprochent justement d'éprouver le besoin d'aller respirer ailleurs, hors du giron familial. C'est pourtant un passage nécessaire parce que vous préparez votre destinée future.
Aussi, suivez ce conseil : si vous n'avez pas envie que votre mère vous câline, ne vous forcez pas ! Soyez ferme ! Pour une fois, c'est aux adultes de comprendre et de faire un effort. Vous avez assez de travail à fournir dans bien d'autres domaines...

La pause philo

« Grandir est un acte agressif. »
Donald Woods Winnicott, pédiatre psychanalyste, in « Violences et missions éducatives ; Réflexions et propositions », compte-rendu du congrès du FEN UNSA.

Violence et passion

Lorsque votre monde intérieur vous paraît étrange et inquiétant, vous pouvez avoir besoin de soulager la pression d'une façon ou d'une autre : bouder, vous mettre en colère, laisser un peu tomber le travail scolaire... Autant d'expressions de votre anxiété qui sont plus

éloquentes que les plus brillants discours. En effet, vous avez plus de facilités à agir qu'à vous exprimer, qu'à mettre en mots ce que vous ressentez.

Cette agressivité qui s'extériorise est tout à fait normale : elle aide à vous démarquer de votre famille, à prendre de la distance par rapport à vos parents. C'est une façon saine de survivre, de conquérir votre nouvelle identité. Mais ces comportements seront mal perçus par votre entourage, surtout s'ils risquent d'hypothéquer votre avenir. Ainsi, un fléchissement scolaire en période d'angoisse peut être compris par un parent attentif ; en revanche, l'échec scolaire, quelles qu'en soient les raisons, ne le sera pas…

De même, votre entourage sera surpris par vos changements brusques d'humeur et ne sera pas toujours compréhensif et tolérant ; en effet, vous pouvez broyer des idées noires et, dans l'heure qui suit, retrouver le sourire comme si aucun nuage n'était venu obscurcir votre horizon ; vous oscillez entre positions de repli dans votre jardin secret

et exubérance, entre doute existentiel et confiance en vous. On vous reproche d'être changeant, de ne pas savoir ce que vous voulez ? C'est que vous avez besoin de tâtonnements, d'essais et d'erreurs pour avancer. Vous avez le sentiment de vous ennuyer ? Vous avez quitté les plaisirs de votre enfance, sans avoir encore trouvé votre nouvel espace. Bref, vous êtes comme une girouette soumise à tous les vents, mais c'est normal. Vous construisez votre identité.
« Un adolescent, c'est un homard pendant la mue », disait Françoise Dolto, célèbre psychanalyste. Il est sans carapace et, en attendant d'en fabriquer une autre, il est confronté à tous les dangers. Vous devez laisser votre ancienne peau, avant qu'elle devienne trop étroite ou qu'elle risque de craquer à tout instant. Vous traversez un épisode charnière, une crise obligée avant le grand plongeon dans l'inconnu de la vie adulte. Renoncer aux privilèges du passé sans savoir ce que réserve l'avenir est, en effet, tâche ingrate : les repères connus s'estompent et les nouveaux ne sont pas maîtrisés. Comme toute étape fondamentale de l'existence, la traversée de l'adolescence est parfois longue et difficile : attention aux turbulences !

Se construire face au regard des autres

Votre corps se transforme à toute allure sous vos yeux et de façon qui n'est pas toujours harmonieuse. Vous constatez avec effroi vos poussées d'acné, vous n'êtes pas très fier de votre stature, de vos formes qui s'arrondissent... Certaines jeunes filles s'inquiètent d'être trop « plates » ou d'avoir une poitrine encombrante. Leurs copains ne se trouvent pas assez musclés ou voudraient grandir encore un peu.
Il n'est pas facile d'apprivoiser un corps inédit qui vous dérange, vous attire, vous rebute. Aussi êtes-vous très sensible au regard qu'on porte sur vous ; il vous aide à exister, mais vous fragilise.
Un coup d'œil méprisant ou moqueur, et tout s'écroule pour vous. Il ne suffit pas que votre mère vous dise « T'es

belle, ma fille » ou « T'es beau, mon grand » pour que vous la croyiez sur parole. Comment est-il possible d'aimer sur-le-champ des transformations qui vous sont imposées, d'autant qu'elles ne correspondent pas nécessairement aux canons édictés par la mode.

Aussi est-il important pour vous d'apprendre ou de réapprendre à aimer votre corps, ses atouts, ses qualités. Arrêtez d'observer vos défauts. Regardez autour de vous, à la piscine, au lycée, dans la rue… Tout le monde a-t-il l'air de sortir d'un magazine ? Comparez. Où est la réalité ? Où est l'idéal ? Oubliez les journaux et leurs critères et utilisez-les pour ce qu'ils sont vraiment : un simple divertissement.

Comme vous ne maîtrisez pas encore votre nouveau corps, vous avez peur d'être transparent pour les autres, comme s'ils pouvaient lire en vous à livre ouvert. Ainsi, vous piquez des fards par peur de ce qu'on pourrait penser de vous. Vous croyez, en effet, que ce nouveau corps qui ne vous appartient pas encore tout à fait peut vous trahir, démasquer malgré vous votre intimité et révéler vos désirs les plus secrets. Ce sentiment d'être dévoilé à son insu s'appelle la

honte. Ce qui fait honte, c'est ce qu'on voudrait cacher et qui se trouve montré à tous.
C'est une violence intime, une de ces poussées de douleur insupportables qu'il n'est même pas possible d'exprimer. Une remarque déplacée sur vos cheveux, sur votre silhouette, sur vos compétences sportives et vos joues s'empourprent parce que vous avez le sentiment d'être mis à nu devant tout le monde. Vous voudriez disparaître, vous cacher. Un homme vous siffle dans la rue et vous piquez un fard, honteuse d'être ainsi exposée à son désir.

« J'ai été observée sous toutes les coutures par un inconnu dans le bus. Je me suis sentie rougir. Fierté d'être regardée, mais aussi peur, honte, colère d'être traitée en objet… Le lendemain, sans faire le lien, j'ai eu mal au ventre au moment de partir. J'étais encore troublée. J'ai raté mon interro. Les choses se sont emballées, comme malgré moi. »

Laura, 13 ans, lu dans « Réalités familiales ».

Les marques : des protections contre la violence pubertaire

Vous regardez continuellement le miroir que vous renvoient les autres, les jeunes de votre âge vers qui se portent vos désirs nouveaux. Leur regard vous importe davantage que celui des adultes qu'il vous faut contester pour affirmer votre identité. C'est avec vos copains que vous pouvez vivre les différences propres à votre génération et découvrir de nouveaux horizons.
À cet âge où l'apparence prime tout, vos vêtements ont désormais une fonction essentielle, montrer que vous appartenez à la communauté adolescente. Dans la cour de récréation, vous arborez tous fièrement des vêtements de marque. Ils vous valorisent auprès de vos copains, leur prouvent que vous êtes dans le coup. Avec eux, vous adoptez le même langage, la même allure. Soucieux de ne pas afficher votre identité pubertaire, vous portez parfois des vêtements sans

forme, des grands pulls ; vous choisissez des couleurs à raser les murs… Comme les prisonniers des films américains, vous portez le pantalon qui tombe sur les hanches, les chaussures sans lacets… pour afficher votre solidarité avec les détenus et avec tous ceux qui sont privés de liberté, comme vous ? En effet, vous ressentez douloureusement le sentiment de devenir transparent aux yeux des autres. Tout se passe comme si, soudain, tout le monde pouvait voir à travers vos vêtements que vous êtes pubère, que vous avez vos règles, que vous avez acquis une maturité sur le plan génital. Quelle violence les autres vous font subir par leur seul regard ! Autant vous avez parfois envie de montrer votre aspect sexy, autant il vous est insupportable que vos atouts soient observés à votre insu.

La violence d'une quête

Pour construire votre identité, vous avez besoin de modèles. Enfant, vos références étaient vos parents et vos certitudes, celles que votre éducation vous avait inculquées. À partir de la puberté, vos parents ne peuvent plus être vos seules références et leurs convictions sont insuffisantes pour que vous puissiez édifier un nouveau rapport à vous-même et aux autres. Il vous faut changer de cadre pour grandir.

Même si vos parents comptent encore beaucoup pour vous, leurs avis, leurs conseils et leurs regards sont moins importants que l'appréciation des copains et de la société. Devenir adulte ne consiste pas à être conforme à l'attente de ses parents, mais à devenir réellement soi-même. Vous devez, à cet effet, passer par les autres ; c'est la loi humaine. Cette transition inévitable ne se fait pas sans douleur ni fragilité. Ainsi, il vous arrive souvent d'adopter le langage et les images des jeunes de votre âge. Avant de trouver vos mots pour exprimer ce qui est diffus et trouble, vous vous reconnaissez dans ce qu'expriment certains chanteurs. Toujours avide d'exister, vous revendiquez des idées, des choix qui visent à affirmer votre originalité, celle du groupe auquel vous vous identifiez. Les messages de rage, de révolte, voire de haine, contenus dans les chansons vous aident à exprimer votre propre besoin de ruer dans les brancards. Attention, toutefois, à ne pas vous laisser avoir par des textes terribles qui dépassent vos intentions ! Certaines chansons ne se contentent pas d'exprimer la révolte, elles incitent à la haine : racisme, machisme, xénophobie… Veillez, avant de les répéter, à bien les traduire afin de savoir si vous êtes prêt à cautionner ce qui s'y exprime. Il s'agit parfois d'un discours simplifié, peu élaboré, très conformiste sous son apparence libérée. Rien ne vous empêche d'aimer la musique ou le chanteur, mais tâchez de garder la maîtrise des propos que vous tenez… on ne devient soi-même qu'en choisissant à qui on ne veut pas ressembler !

Parti pris

EN PRIVÉ OU EN PUBLIC

Paul se plaint : « Lorsque je sors avec mes copains, ma mère me laisse porter ce que je veux. En revanche, elle exige "un minimum de correction" dans ma tenue lorsque je vais au lycée. » Le souci des mères est légitime. Elles vous aident à savoir faire la différence entre ce qui est privé et ce qui ne l'est pas. Savoir faire cette différence aide à s'insérer dans la vie, à se faire accepter. Les provocations adolescentes sont parfois assez fatigantes pour les adultes qui réagissent mal. Celui qui paie, c'est l'ado. Il ne mesure pas toujours les conséquences de ses actes. En vous habillant « avec un minimum de correction », vous agresserez moins vos profs par votre tenue. Un ado qui se tient correctement n'est pas meilleur qu'un ado qui se tient mal, mais il est mieux accepté.

Maryse Vaillant

LA VIOLENCE DES BLESSURES FAMILIALES

« Aussi loin que je me souvienne, mes parents ont toujours estimé que je n'étais pas intéressant et ne se privaient pas pour me le répéter sans cesse. Ils me donnaient toujours en exemple les enfants de leurs amis qu'ils trouvaient tellement plus intelligents, plus souriants, plus agréables… que moi. À chaque fois que je ramenais une mauvaise note à la maison, ils soupiraient et se demandaient tout haut ce que j'allais devenir. J'ai grandi avec cette conviction que les autres étaient forcément mieux que moi. Aujourd'hui, dès que j'ai un projet qui me tient à cœur, j'ai une boule d'angoisse à l'estomac parce que je pense que je n'y arriverai pas. »

Arthur, 16 ans.

Il est interdit d'exister

Sournoise et dangereuse, la violence psychologique s'exprime par des agressions verbales (injures, moqueries…), des dévalorisations systématiques, des punitions injustes, des humiliations à l'égard des enfants concernant notamment leur niveau scolaire, leur apparence, leur physique, leurs capacités intellectuelles. « T'es trop gros », « T'es nul », « T'as vu comment tu es fagoté, tu ressembles à ton père », « Tu ne feras jamais rien dans la vie », « T'es bien une garce comme ta mère… ». Toutes ces paroles blessent les enfants, entament la confiance qu'ils peuvent s'accorder.
Il en est de même des comportements méprisants, de l'indifférence ou du délaissement. L'enfant que les parents ignorent au point de parler de lui en sa présence, comme s'il n'était pas là, souffre de violence psychologique. De même, la jeune fille épiée et surveillée par son père, comme si elle était une détenue, souffre de ce même type de violence sourde et feutrée. Beaucoup de relations familiales sont ainsi fondées sur le silence ou sur le rapport de force, les vexations continuelles ou le mépris. La souffrance qu'éprouve l'enfant est alors une réelle violence parce qu'elle l'écrase sous le poids de l'incompréhension. Faute de trouver sa place au sein de la famille et envahi par la confusion, il se détruit lui-même. L'enfant ne peut alors réagir ni organiser ses pensées. Il lui est impossible d'exister, tout simplement.
La violence psychologique peut également s'exprimer par la plus grande douceur. Le chantage affectif permet à l'adulte d'imposer sa volonté ou de poser des interdits à son enfant « pour son bien » ou parce que cela fait « trop de peine ». « Si tu ne viens pas avec moi faire des courses, je ne t'aime plus », disait une mère à son fils. Rien de tel pour culpabiliser l'enfant insécurisé parce qu'il pense perdre à tout instant l'amour de ses parents.
Toutes ces formes de violence psychologique révèlent toujours un signe d'impuissance. Un parent qui humilie son enfant ou exerce un chantage sur lui se renie lui-même.

Quelles réactions à la violence psychologique ?

La littérature est nourrie de ces histoires d'enfants qui ont pris un très mauvais départ dans la vie parce qu'ils n'ont pas été reconnus par leurs parents. Ainsi, Poil de Carotte, dans le roman de Jules Renard, est nié dans son existence, humilié constamment par sa mère parce qu'il a eu le malheur, à ses yeux, d'être né avec des cheveux roux. Réduit à la couleur de ses cheveux, Poil de Carotte est nié en tant que personne complexe et riche : il n'est rien d'autre qu'une couleur, celle d'un légume ! Comment peut-il alors s'aimer, s'accepter, découvrir et développer ses qualités personnelles, celles justement que sa mère lui dénie ? Ce rejet est une violence absolue puisqu'il consiste à nier à l'enfant le droit d'exister comme il est. « Tout le monde n'a pas la chance de naître orphelin », déplore Poil de Carotte. Notez avec quel humour il souhaite la mort de sa mère ! Il est difficile justement de prendre de la distance par rapport à ce qui fait le plus mal, le manque d'amour. Il faut être un personnage de roman pour être capable de rire de ne pas être assez aimé…

Et pourtant, l'humour est libérateur parce qu'il permet de jouer avec des émotions ou des pensées interdites. Lorsque nous « vannons » quelqu'un, nous l'agressons, l'air de rien. Celui qui parvient également à se moquer de lui-même évite ainsi de ressentir la brûlure de la honte ou la morsure de la culpabilité. L'humour, le trait d'esprit nous empêchent de laisser couver en silence nos souffrances, au risque de nous miner.

Comme Poil de Carotte, Brasse-Bouillon, dans *Vipère au poing* d'Hervé Bazin, grandit avec un sobriquet qui reflète tout le mépris que lui porte sa mère.

Dans ce roman, le jeune garçon livre un combat farouche contre Folcoche, une mère odieuse qui empoisonne l'existence de ses trois fils par ses brimades et ses vexations incessantes. « Familles, je vous hais », hurle Brasse-Bouillon. Son arme, ce n'est pas l'humour, c'est la haine,

dont il se servira durant toute sa jeunesse pour se protéger de sa mère, de sa violence.
Expression d'un amour déçu, la haine permet de s'éloigner de l'être aimé. Ainsi, au lieu d'attendre de sa mère un mot de tendresse qui ne viendra jamais, Brasse-Bouillon la hait pour mieux s'en défendre. Telle une armure, la haine le protège de son propre amour. C'est l'un des sentiments humains les plus forts. Comme l'amour, la haine permet de s'attacher à l'autre et de maintenir vivant cet attachement. Celui qui hait n'oublie pas ; il reste lié à ce sentiment plus fortement qu'il ne le serait à son amour. La haine permet donc de garder le lien tout en prenant ses distances.
L'enfant se construit à partir de l'amour des siens. Celui qui ne se sent pas assez aimé pense ne rien valoir. Il ne peut donc s'aimer. Comment être soi-même si l'on estime n'être bon à rien ! Aussi, pour éviter que cette souffrance ne ronge l'âme et ne la détruise, il faut inventer un subterfuge, une parade. Les uns auront recours à l'humour, les autres à la haine. Certains se fermeront à toute démonstration de tendresse tandis que d'autres plongeront dans l'étude ou une expression artistique. D'autres encore, dépouillés de toute arme, n'auront d'autre issue que de se détruire de l'intérieur.
Mais vous, contrairement aux enfants en bas âge victimes de leurs parents, vous commencez à prendre du recul face à ce qui se joue dans votre famille. Vous pouvez comprendre le drame qui enferme votre père ou votre mère dans des gestes ou des comportements dangereux.

Blessures d'amour

« Je voyais ma mère pleurer tous les soirs ; elle se réveillait toute chiffonnée, les yeux rouges et la mine défaite. Comment lui dire que j'étouffais à la maison ? Comment lui dire que j'en avais marre qu'elle me serre dans ses bras comme si j'étais encore une petite fille ? J'avais l'impression qu'elle avait besoin de me voir petite, pour se rassurer. Mais je grandissais. Elle

vieillissait. Je ne pouvais pas lui dire que je voulais grandir, parce que cela la faisait vieillir. »

Stéphanie, 18 ans.

Stéphanie nous montre comment sa mère l'enferme dans son drame personnel. C'est une forme de violence sourde et fréquente qui donne au jeune le sentiment de ne pas compter, de ne pas exister.

Parti pris

HAINE ET HONTE EN FAMILLE

L'adolescence, c'est la période de la vie où vous ouvrez les yeux sur le monde et sur vous-même. Vous pouvez alors découvrir l'injustice, la violence, l'arbitraire des adultes ; vous perdez beaucoup de vos illusions sur ceux que vous aimez et dont vous dépendez. Vous les découvrez vulnérables et haineux, jaloux, envieux. Vous êtes vous-même traversé de haine et de ressentiment et vous n'êtes pas trop fier de ce que vous ressentez.

Pourtant, ce n'est qu'en acceptant avec lucidité d'éprouver ce que la morale condamne que vous pourrez sortir de l'enfer des sentiments dangereux. Ce n'est qu'en entreprenant une démarche auprès de quelqu'un que vous oserez nommer l'innommable. C'est le seul moyen de vous extraire du poison de la haine ou de la honte.

Aucun sentiment, aucune émotion n'est interdit. Le cœur ne se commande pas avec la tête ni avec la morale. En revanche, vous devez toujours essayer de contrôler la situation et ne pas vous laisser mener par des sentiments et des émotions que vous jugez indésirables.

En somme, vous avez le droit de haïr vos parents ou vos frères et sœurs, mais vous avez le devoir de ne pas vous laisser diriger par vos sentiments. La haine n'est pas une émotion qui rend heureux.

Maryse Vaillant

Et pourtant, les êtres humains sont un peu comme les plantes. Pour s'épanouir de manière satisfaisante, ils ont besoin d'un bon terreau, c'est-à-dire d'une assise affective rassurante qui a été acquise durant l'enfance et pendant les années d'apprentissage de l'adolescence. C'est leur sécurité de base.

Certains d'entre vous ont souffert de surprotection, d'excès d'autorité, d'abandon parental... D'autres ont dû traverser un deuil, une maladie, une séparation, un divorce... Ces épreuves vous ont fragilisés, mais vous ont donné aussi des forces.

Combien d'adolescents souffrent du silence, du non-dit qui entoure la mésentente de leurs parents. Sans doute ces derniers ont-ils jugé bon de les tenir à l'écart de leurs soucis d'adultes pour mieux les protéger. Mais l'adolescent perçoit vivement le drame qui se joue dans sa famille et, dans l'impossibilité d'en parler, il le reprend à son compte et se culpabilise. En effet, mieux vaut se sentir responsable qu'impuissant. Quand tout va mal dans la vie, dans leur famille, certains jeunes pensent, en effet, être la cause des

Parti pris

POURQUOI SE SENTIR COUPABLE DU MALHEUR DES AUTRES ?

Tout petit, l'enfant vit au cœur du monde : le plein centre de son monde personnel est familial. Tout ce qui arrive autour de lui, lui arrive. Bonheur ou malheur, il se sent directement concerné par tout ce qui se passe dans son espace : si maman est contente, l'enfant est satisfait ; si maman fronce les sourcils, il se sent triste ou fautif. Si quelque chose survient dans la famille, il ne peut s'empêcher de voir des liens entre lui et l'événement. C'est ainsi qu'il se sent coupable d'un drame familial et qu'il s'honore des bonheurs partagés. Il est au centre, tout lui est dû ; tout tourne autour de lui. C'est l'omnipotence infantile.
Si des adultes aimants et protecteurs s'occupent bien de lui, il va découvrir en grandissant une vérité essentielle : le monde a plusieurs centres. C'est la découverte de l'altérité : tous les autres occupent le centre de leur propre univers et regardent le monde avec leurs propres yeux.
À l'adolescence, il arrive que des bouffées d'enfance reviennent et qu'on se pose parfois la question : « Qu'ai-je donc fait pour que ça aille si mal ? » C'est que l'omnipotence a la peau dure ; il est difficile d'accepter que le monde tourne sans nous, que des choses importantes se produisent dans le cœur des autres et qu'on n'y soit pour rien. C'est cependant le cas bien souvent ; on n'est pas au centre du monde et pourtant, nombreux sont ceux qui croient l'être !
Laisser aux autres la responsabilité qui leur incombe, c'est un moyen de mieux assumer ses propres responsabilités.

Maryse Vaillant

problèmes qui préoccupent leurs parents. Comme ils estiment un peu être le centre du monde, ils croient que si leurs parents les aimaient vraiment, ils ne se déchireraient pas de cette façon. Aussi se sentent-ils coupables de ne pas parvenir à maintenir leur famille proche et unie. Vous avez le droit d'en vouloir à vos parents de briser ainsi leur famille.

Cette agressivité manifeste une défense contre le sentiment de culpabilité.

À l'adolescence, votre monde intime est assez lourd à porter pour que les parents vous épargnent leurs propres difficultés. À cet âge, vous commencez à comprendre qu'il n'est pas si simple d'être adulte ; par ailleurs, vous réalisez que vous n'êtes pas le centre de la famille : vos parents ont une histoire et des difficultés personnelles que vous n'avez pas toujours envie de partager. Néanmoins, vous en avez assez de subir, d'avoir le sentiment que les événements se jouent toujours sans vous. Quel désir vous avez parfois de revenir à l'enfance en réclamant de vos parents un peu de ménagement ! « S'il vous plaît, faites un peu attention à moi ! » Vous risquez aussi de vous exprimer par une montée d'agressivité, de violence : « Arrêtez de faire semblant ! Je suis assez grand pour comprendre ! »

Aussi vous enfermez-vous dans votre coin, faute d'avoir trouvé un espace pour parler ; vous n'osez pas exprimer votre peine et vos doutes devant le départ de l'un de vos parents et les larmes de l'autre. Vous êtes victime de violence psychologique parce que votre souffrance n'est pas prise en compte par vos proches. Vous vous sentez alors nié, comme si votre capacité à aimer et à vivre était rejetée. Vous portez sur les épaules la séparation de vos parents qui ne réussissent pas à vous protéger et encore moins à vous aider à surmonter cette souffrance.

Pour faire face à l'épreuve que traversent vos parents, vous auriez besoin de mots pour penser et comprendre ce qui vous arrive.

Si personne ne vous écoute, vous risquez alors de vous engager dans une spirale de chagrin et de colère impossible à surmonter. Vous pouvez ainsi perdre confiance en vos parents, vous terrer dans une solitude désespérée et rester marqué à vie par un drame qui ne vous concerne pas directement. Le divorce de vos parents risque de constituer une violence que vous porterez toujours en vous, comme une attaque personnelle.

Le nombre des divorces ayant presque triplé depuis vingt ans, la situation des enfants de parents séparés est devenue un phénomène banal. Chacun réagit différemment face à la mésentente des parents. Un enfant de 4 ans est moins préparé qu'un adolescent de 13 ans à accepter de vivre tantôt chez l'un, tantôt chez l'autre parent. Néanmoins, tous souffrent davantage de la mésentente de leurs parents que de la séparation qui peut mettre fin à des conflits incessants. Il est souvent bien plus douloureux de supporter la guerre familiale, lorsque les parents se chamaillent sans cesse ou se cherchent querelle. Un divorce peut alléger l'ambiance et éclaircir une situation

La pause philo

« L'enfant a besoin de la vérité et il y a droit. La vérité est souvent douloureuse à entendre, mais si elle est parlée et dite de part et d'autre, elle permet à l'enfant de se construire. »
Françoise Dolto,
Tout est langage,
Gallimard,
1995.

embrouillée. D'ailleurs, beaucoup d'entre vous parviennent à traverser et à dépasser cette épreuve de l'existence. Vous n'avez néanmoins pas à prendre parti dans ce conflit qui oppose le couple que représentent vos parents. Il s'est bâti avant votre naissance. Vos parents sont des adultes qui ont fait ce choix en connaissance de cause.
Pour ne pas perdre l'estime de vous-même, faites confiance à vos parents et demandez-leur de vous parler. Ces derniers doivent aborder franchement avec vous les difficultés de leur couple, sans pénétrer dans l'intimité de leur histoire, qui n'appartient qu'à eux.

Secrets de famille

« Hier, j'ai encore entendu mes parents parler à voix basse dans leur lit. Toujours cette histoire d'argent que Grand-Père aurait volé et dont il ne faut rien dire. Encore tous ces secrets qui entourent la faillite de son affaire ! Et où est-il parti ? Pourquoi ne me dit-on rien ? Pourquoi tous ces mystères ? Pourquoi ma mère pleure-t-elle toutes les nuits et fait-elle mine de sourire le matin ? »

Loïc, 14 ans.

Parmi les violences qui peuvent submerger votre vie d'adolescent, les histoires de famille pèsent lourd sur l'ambiance de la maison et créent un climat de tension. Certaines sont connues et vous accablent d'être sans cesse répétées ; d'autres plombent l'atmosphère par le mystère qui les entoure.
Il est si difficile parfois de dévoiler un secret honteux ! Un oncle a fait de la prison ; une cousine s'est suicidée ; un grand-père a trahi ; une tante a quitté son mari ou ses enfants. Ce sont des histoires d'argent, d'amour, de sexe, d'honneur…
Votre vie quotidienne peut être émaillée de petits signes qui révèlent le silence qui pèse autour de ces secrets : les

portes se referment sur votre passage, les conversations s'interrompent dès que vous entrez dans une pièce, les pleurs sont vite étouffés dans les mouchoirs… C'est une violence de non-dits, de réserves, de phrases interrompues. Vous savez que les adultes vous taisent quelque chose. Vous pensez nécessairement que c'est assez grave pour ne pas être dévoilé et, surtout, que cela vous concerne. Très vite, vous échafaudez les pires scénarios. Vous pensez être au centre du malaise familial, à l'origine de ce qui fait souffrir. Vous attendez les reproches qui permettront enfin d'alléger l'atmosphère quasi irrespirable dans laquelle vous êtes confiné. Vous vous sentez parfois rejeté, écarté des affaires sérieuses qui se trament entre adultes.
C'est une forme de violence insidieuse qui génère le doute sur soi et qui lamine la confiance en vos parents ; cette violence brouille les repères, au risque de provoquer un véritable déséquilibre personnel.

Si d'aventure vos parents parviennent à soulever le voile du mystère qui pèse sur votre famille, vous risquez de vous sentir également coupable de ce qui s'est passé. C'est paradoxal, mais c'est souvent ainsi : le passé caché, lorsqu'il est dévoilé, apporte une traînée de peines et de hontes, comme si tout était demeuré vivant.
En parlant, il arrive aussi que tout s'apaise. Comme si, à l'air libre, toute la douleur se dissipait. D'autres fois, il n'en est rien ; il faut du temps pour digérer l'événement douloureux que la famille cachait dans ses placards.
Si vous découvrez une histoire ancienne douloureuse ou qui semble honteuse, sachez que même si cet événement vous appartient, ce n'est pas vous qui l'avez vécu. Ne portez pas le poids aujourd'hui d'une histoire qui a déjà fait souffrir les vôtres hier ! La vérité vaut souvent mieux que le silence honteux.

« On est comme des arbres ; nos racines, c'est notre histoire et celles de notre famille. On ne connaît pas toutes nos racines, mais plus on en sait, plus on est droit. »

Djamel, 17 ans.

Le but de toute vie est de devenir soi-même ; on ne peut le faire qu'en acceptant l'héritage des siens. Ne rien dire laisse place à toutes les hypothèses. Aussi, ne laissons pas les fantômes hanter notre passé.

Coups et sévices

« À 14 ans, ils ne voulaient pas que je sorte avec mes amies. Alors, c'est tout simple, ils m'enfermaient. Ma mère écoutait mes conversations téléphoniques, mon père lisait mon courrier. Elle inspectait mon linge, il fouillait dans mon cartable. J'ai mis un temps fou à comprendre que ce n'était pas normal, que tous les parents ne faisaient pas la même chose. À 17 ans, un

soir, j'ai voulu sortir quand même, je suis passée par la fenêtre de ma chambre. Quand je suis rentrée, ils m'attendaient tous les deux et mon père m'a frappée au visage. Il m'a cassé le nez. »

Léa, 25 ans.

Colère, dispute, cris, gifle ou punition : une certaine agressivité est inévitable dans les familles, comme dans tout groupe humain. Mais la véritable violence exercée par les parents, c'est autre chose.
C'est la maltraitance qui se manifeste par les traces qu'elle laisse sur le corps – hématomes, brûlures, fractures – et dans le cœur – blessures secrètes provoquées par des brimades incessantes, des vexations, du délaissement…
Pendant longtemps, les violences physiques à l'égard des enfants ont été considérées comme faisant partie de l'exercice de la puissance paternelle puis parentale, comme un droit à « dresser » son enfant, à lui inculquer les bonnes manières. Les familles étaient alors libres d'enfermer leur enfant désobéissant dans un placard, de lui donner des coups de ceinture.

Aujourd'hui, la maltraitance est punie par la loi. Ce n'est qu'en 1967 qu'a été abordée ouvertement en France la question des mauvais traitements physiques dont pouvaient être victimes certains enfants : c'est ce qu'on appelle le syndrome de l'enfant battu ou syndrome de Silverman, du nom du médecin américain qui l'a décrit pour la première fois en 1953. Il s'agit d'une série de symptômes qu'on observe chez des enfants en bas âge qui ont été maltraités ou simplement mal soignés, mal nourris. Ces victimes souffrent de fractures multiples qui ont été négligées, de bleus, de traces de brûlures, de cheveux arrachés. Ces enfants traumatisés sont hébétés, ne savent plus rire ni pleurer, ont perdu l'appétit…
Selon les statistiques, et contrairement aux idées classiquement répandues, les actes de maltraitance à l'égard des enfants, y compris les abus sexuels, sont surtout exercés par une personne de leur entourage. Il est rare que l'agression soit

commise par un individu extérieur à la famille. Par ailleurs, toujours contrairement aux idées reçues, les parents qui frappent, qui abusent ou qui négligent leur enfant, appartiennent à tous les milieux, à toutes les classes sociales.
Certains parents pensent qu'en étant autoritaires (peu d'entre eux reconnaissent être violents) ils donnent à leur enfant le sens des limites, un cadre nécessaire à leur éducation. C'est totalement illusoire. En effet, celui qui exerce des violences vis-à-vis de son enfant transgresse, dépasse les limites, ce qui ne peut que le disqualifier à ses yeux et à celui de ses enfants. En fait, au lieu d'éduquer, certains parents cherchent à mater leurs enfants, à se faire obéir. Ils déclarent que, s'ils battent leur enfant, c'est pour son bien, pour l'éduquer correctement, parce qu'il est vicieux ou « trop dur ». Ils sont embarqués dans une spirale infernale parce qu'ils ne maîtrisent plus du tout leur force ou leur rage intime. Ces adultes risquent de confondre autorité et violence en oubliant que plus ils sont violents, moins ils ont d'autorité.

De son côté, l'enfant habitué à subir des corrections durant toute sa jeunesse risque, dans sa vie d'adulte, de banaliser les coups et de reproduire sur autrui ce qu'il aura lui-même subi. C'est ainsi que peuvent se transmettre de génération en génération des violences familiales. Heureusement, beaucoup d'enfants échappent à cette fatalité ; une fois adultes, ils parviennent à avoir une vie familiale épanouie.

« Jusqu'à mes 5 ans, j'ai été maltraité par ma mère. Elle m'a jeté dans les escaliers du deuxième alors que j'étais attaché sur une chaise. Elle ne voulait plus que je sois sur terre. La vie, je la voyais sous un pont. Je n'aurais jamais cru pouvoir surmonter tout cela et fonder une famille. Si j'ai deux enfants, c'est pour leur donner tout l'amour que je n'ai pas eu dans mon enfance. »

Djamel, 30 ans, exposition
« Quitte ta violence pour te battre », Association pour la Vie.

Violences sexuelles

« Il a commencé quand j'ai eu 10 ans. Il venait la nuit et je ne pouvais rien faire ; j'étais paralysée. Mon corps était dur comme de la pierre ; dans mon ventre, la peur s'enfonçait comme un pic. Dans la journée, il ne me regardait pas et moi je ne regardais rien. À l'école, on me reprochait d'être ailleurs. Aujourd'hui, j'ai toujours mal au ventre. »

Lupang, 16 ans

Vous pouvez être victime de violences sexuelles à tout âge, notamment à l'adolescence. Au moment de la puberté, le corps change et peut provoquer le désir d'adultes qui devraient être bienveillants.
C'est un drame terrible de voir changer le regard de son père, d'un beau-père ou d'un proche de la famille ; l'ami charmant ou le voisin serviable qui vous donne des cours et vous héberge, devient un danger, une menace. Vous n'osez pas croire ce que vous voyez. Aussi, avant de douter de celui qui vous regarde lourdement, vous doutez de vous et n'osez

rien dire. Lorsque vos rondeurs pubertaires provoquent le désir d'un adulte et qu'il vous touche, tout s'effondre autour de vous. Votre corps vous fait honte, votre affection vous dégoûte, votre confiance disparaît. Grandir vous fait mal. Les signes de votre féminité ou de votre virilité vous font horreur. Pris dans le piège des relations familiales ou amicales des adultes, vous croyez devoir vous taire. Honteux de ce qu'on vous fait subir, vous pensez que personne ne vous croira. La parole de l'adulte a tellement plus de poids que la vôtre ! Aussi, vous ne savez plus que penser ni vers qui vous tourner.

Pendant longtemps, les enfants ainsi abusés se sont tus. Ils ont gardé pour eux la honte et le dégoût. Heureusement, les mentalités commencent à changer. Les adultes ont compris qu'ils devaient vous croire. Parfois aussi, c'est à l'adolescence que vous parlez pour la première fois des attouchements, des sévices sexuels que vous avez subis durant votre enfance. Après des mois ou des années de silence « coupable », vous éprouvez le besoin impérieux de dénoncer ce que vous avez subi pour vous accorder le droit d'exister.

Les maltraitances sexuelles exercées sur vous portent atteinte à ce qui est le plus précieux dans votre existence : l'énergie de vivre, l'intimité de votre corps, votre liberté d'aimer et de désirer. Quel que soit l'âge auquel vous avez subi le désir sexuel d'un adulte, vous vous sentez souillé et coupable d'avoir éveillé le désir de l'autre. À la place de l'amour, de la tendresse que vous attendez naturellement de la part des êtres chers, vous ne rencontrez que du désir sexuel. Aussi pensez-vous inévitablement être responsable de cet éveil et, surtout, vous vous considérez comme un objet sexuel. C'est pour vous une terrible agression, une violence : votre amour même peut vous faire honte et vous faire peur. Vous perdez tout repère. Souvent, l'adulte agresseur vous dit : « Tu m'as aguiché, c'est de ta faute. » Vous vous sentez alors tellement honteux que vous ne pouvez plus rien dire ni faire ; ni vous confier, ni porter plainte. Porteur d'un secret inavouable, vous protégez souvent vos agresseurs. Dépendant affectivement des adultes qui vous font souffrir, vous êtes terrorisé et vous vous

Pour aller plus loin
LES VIOLENCES SEXUELLES

Les violences sexuelles caractérisent toutes les relations physiques imposées à autrui par la force, la contrainte, la menace ou la surprise : inceste, viol...

- Le viol est un acte sexuel avec pénétration (anale, vaginale, orale) imposé à autrui (homme ou femme) par violence, contrainte, menace ou surprise. En France, le viol est un crime jugé en cour d'assises. Il est puni de quinze ans de réclusion criminelle. Cette peine est portée à vingt ans lorsqu'il est commis sur un mineur de moins de 15 ans ou dans d'autres circonstances aggravantes (par un ascendant ayant autorité sur la victime, s'il entraîne mutilation ou infirmité, s'il est commis par plusieurs personnes, s'il est commis sous la menace d'une arme). En ce qui concerne les mineurs, le procès n'est ouvert ni au public ni à la presse : il se déroule à huis clos.
- L'inceste est une pratique sexuelle exercée entre proches parents. Il n'existe pas en tant qu'infraction dans le droit français qui ne reconnaît que le viol, l'agression ou l'atteinte sexuelle. Ce sont des crimes ou des délits aggravés lorsqu'ils sont commis sur un mineur de moins de 15 ans par un ascendant : parents, beau-parent, tuteur, grand-parent, oncle...
- L'atteinte sexuelle consiste, pour une personne majeure, à exercer sans violence ni contrainte un attouchement sur un mineur de moins de 15 ans. Ce délit est puni de cinq ans d'emprisonnement. S'il a été commis par un ascendant ou une personne ayant autorité sur le mineur (concubin, parents proches, gardiens de l'enfant) ou par plusieurs personnes, lorsqu'il s'accompagne du versement d'une rémunération ou lorsque le mineur a été mis en contact avec l'auteur des faits grâce à l'utilisation d'un réseau de télécommunications (Minitel, par exemple), la peine est portée à dix ans.
- L'agression sexuelle est une atteinte sexuelle commise avec violence ou contrainte. Elle est passible de cinq ans de prison. Lorsqu'elle est commise sur un mineur de moins de 15 ans par un ascendant ou une personne ayant autorité sur le mineur, elle est punie de dix ans de prison.

croyez responsable des coups, des abus dont vous êtes victime. Il vous faut du temps pour vous débarrasser d'un sentiment pénible de culpabilité et dénoncer vos souffrances.

Parti pris

Paula est rentrée chez elle toute pâle. À sa mère qui la pressait de s'exprimer, elle a juste murmuré : « Je ne veux plus retourner à ma leçon de piano. » Sa mère n'a pas insisté. Le soir, Paula est allée trouver son père avec qui elle s'entend à merveille. Elle a bafouillé quelques paroles entrecoupées de soupirs d'où il ressortait que le professeur de piano lui mettait la main sur le sein et se frottait contre elle pendant les leçons. Son père lui a intimé l'ordre de se taire en la traitant de petite vicieuse.

Depuis, Paula n'a plus jamais dit un mot. Dix ans plus tard, à la psychologue qu'elle voyait en thérapie, elle a fini par dire un jour que son univers de jeune adolescente s'était effondré à ce moment-là. « Quand je subissais les gestes de mon prof, c'était dur et je n'avais qu'une envie, me sauver. Mais quand mon père ne m'a pas crue, tout est devenu noir pour moi : c'est comme si tous les adultes se comportaient avec moi de façon obscène. Je ne pouvais plus vivre. »

C'est le drame de beaucoup d'enfants et d'adolescents confiés à des éducateurs ou à des prêtres. Leurs parents ne veulent pas mettre en doute les structures éducatives et morales en lesquelles ils ont foi. Ils préfèrent douter de leurs enfants plutôt que voir toutes leurs références s'effondrer.

Maryse Vaillant

Que puis-je faire si je suis victime de viol ?

Si vous êtes victime de viol, prévenez immédiatement vos parents ou quelqu'un de très proche, même s'il vous est difficile d'en parler, sachez que c'est nécessaire. Le temps n'effacera pas votre blessure ; seule la parole vous aidera à reprendre confiance en vous. En effet, si le viol et toute contrainte sexuelle vous blessent profondément, plus fort que tout ce qu'on peut tenter d'en dire, c'est parce que cela s'exerce sur votre intimité, au cœur de votre sentiment d'exister. En vous contraignant, le violeur attaque votre capacité à exister, à penser, à rire, à souffrir, à aimer. Pour

que renaisse cette vie en vous, il vous faut parler. Si une telle chose vous arrive, vous avez besoin d'être soutenu moralement et soigné. Prévenez aussitôt la police ou la gendarmerie (par téléphone, par exemple). Tant que vous êtes mineur, seuls vos parents peuvent porter plainte et se constituer partie civile (personne morale ou physique intervenant ou se faisant représenter dans une procédure juridique) en votre nom.
Vous devez raconter comment se sont déroulés les faits dans une déposition et la signer, après l'avoir relue. La justice se fondera sur votre récit pour juger votre agresseur.
En principe, vous devrez subir rapidement un examen médical (gynécologique ou autre…) ; aussi ne devez-vous pas effacer les traces du viol (ne pas vous laver), afin que le médecin puisse établir un constat médical.
Toute cette démarche est terriblement difficile pour une personne meurtrie, humiliée, anéantie, c'est pourquoi il faut tout de suite aller vers quelqu'un de confiance qui vous aidera et vous accompagnera.
Comme pour l'inceste, vous pouvez désormais porter plainte jusqu'à l'âge de 28 ans (au lieu de 21 ans auparavant).

> ***« Il m'a humiliée dans ma chair. »***
>
> **Sophie, 14 ans, victime d'inceste, conférence de la Fondation de France.**

La répétition des violences subies n'est pas une fatalité

Aujourd'hui, l'opinion tend à penser que la violence ne s'installe pas par hasard dans les familles. Il se révèle assez souvent que les parents maltraitants ou abusifs ont été marqués dans leur enfance par des violences répétées ou par des carences affectives. Avec le temps, ils enfouissent au plus profond d'eux ce qu'ils veulent oublier, mais certains reproduisent sur leurs proches (enfants, conjoint...) ce qu'ils ont vécu. Or, ce qui est ainsi enterré continue à vivre, en sourdine, dans l'inconscient. Ces souvenirs douloureux revivent à travers

des maladies, des angoisses, des peurs, des actes. Comme ces anciennes victimes n'ont pas pu mettre en mots leur souffrance passée, elles sont prisonnières de forces qu'elles ne peuvent juguler. Aucun parent ne décide délibérément d'être maltraitant.

Certains adultes habités par l'horreur de leur enfance peuvent devenir indifférents à la souffrance de ceux qu'ils battent, qu'ils violent; ils croient échapper à la souffrance en adoptant la même attitude que ceux qui les ont fait souffrir.

Toutefois, la violence n'est pas une fatalité. La plupart des enfants maltraités ne deviennent pas des parents maltraitants. Si certains portent durant toute leur existence le fardeau d'une existence douloureuse, de très nombreux enfants maltraités ont pu échapper à la spirale de la répétition. Certains deviennent éducateurs, infirmières, médecins. Ils se découvrent une vocation de peintres, de poètes, de musiciens. Ils écrivent, ils agissent, ils aident les autres à s'en sortir. D'autres vivent tout simplement, sans jamais attirer l'attention sur eux.

La violence sexuelle, comme toutes les violences subies, est un drame qui marque l'existence, mais pas nécessairement du sceau de la répétition. Au contraire, une personne qui a été victime de violences peut mettre son énergie au service de ceux qui souffrent, pour que de tels actes ne se reproduisent pas.

Cependant, certains enfants maltraités, victimes d'inceste,

gardent de leur jeunesse le souvenir d'avoir été mal aimés, dépréciés, avilis. Aussi vivent-ils avec un sentiment permanent d'insécurité, d'échec et une mauvaise image d'eux-mêmes.
À l'adolescence, les réactions de ces victimes peuvent être violentes : fugue, drogue, anorexie, boulimie, prostitution, tentatives de suicide… Victimes durant leur enfance, ils risquent de le rester durant leur vie d'adulte. En effet, ils peuvent retourner la violence subie contre eux en se détruisant, même inconsciemment.

Pour aller plus loin

VOUS AVEZ ÉTÉ VICTIME D'INCESTE, DE VIOL, DE MALTRAITANCES. À QUI PARLER ?

Vous pouvez vous adresser à un adulte de votre lycée (médecin, infirmière, assistante sociale, enseignant, conseiller principal d'éducation) ou alors à l'assistante sociale de la mairie proche de votre domicile.
Vous pouvez également trouver d'autres interlocuteurs auprès des organismes suivants :

- Le Service éducatif auprès du tribunal (Seat) : au sein des tribunaux pour enfants, il met à votre disposition une permanence d'accueil tenue par des éducateurs de la Protection judiciaire de la jeunesse (PJJ). Ceux-ci vous informent sur vos droits, évaluent avec vous votre situation en faisant appel aux services extérieurs compétents et en en référant au juge des enfants.
- Des consultations gratuites d'avocats pour enfants et adolescents se sont ouvertes dans certains tribunaux pour vous écouter, vous informer et vous accompagner en cas de difficulté.
- L'Aide sociale à l'enfance (ASE) est un service implanté dans chaque département. Il a pour mission d'assister et de soutenir les jeunes et les familles en difficulté. Si vous rencontrez des difficultés (sociales, familiales, scolaires…) ou si vous êtes en danger, l'ASE peut prendre des mesures de protection en votre faveur : suivi par un éducateur, accueil provisoire dans une famille ou dans un foyer… Elle n'intervient qu'avec l'accord écrit des parents.

LA VIOLENCE DES CONTRAINTES ÉDUCATIVES PARENTALES

« Depuis six mois, je sors avec un garçon qui a deux ans de plus que moi. On s'aime énormément et je suis sûre que c'est l'homme de ma vie. J'attends de passer mon bac pour prendre un appartement avec lui. Mes parents ne sont pas du tout d'accord ; ils pensent que nous sommes trop jeunes et préfèrent que nous terminions nos études avant de songer à vivre ensemble. Des fois, je me dis qu'ils ont raison, mais, en même temps, j'ai envie de faire ce que je veux avec mon ami. J'aimerais surtout qu'ils nous laissent notre chance et cessent d'être ainsi persuadés que c'est une erreur de vivre ensemble lorsqu'on est étudiant. J'en ai assez d'être considérée comme un bébé. »

Nathalie, 17 ans.

L'autorité parentale, contrainte ou violence ?

C'est à votre âge que se pose le problème de l'indépendance et de la dépendance vis-à-vis de vos parents et des adultes.

Lorsque vous étiez enfant, vous avez eu besoin pour grandir de vous sentir en sécurité, protégé par les limites éducatives de vos aînés. C'est leur rôle ! Comme des rails, vos parents vous ont indiqué le chemin à suivre, vous ont montré les risques de dérapage, afin de vous aider à prendre confiance.

Aujourd'hui, vous êtes un adolescent en proie à de multiples turbulences, débordé par toutes vos pulsions ; un cadre vous est donc encore nécessaire, mais vous avez du mal à le supporter. Plus vous avez besoin du soutien de vos parents, plus ils représentent une menace pour votre autonomie. En fait, vous voulez une chose et son contraire. C'est une contradiction parmi toutes celles que vous vivez à l'adolescence.

Aussi, vous oscillez en permanence entre le besoin de sécurité qui vous pousse à vous comporter encore comme un enfant et le désir de supplanter vos parents, de prendre leur place ou de faire mieux qu'eux. Comme tous les êtres qui franchissent des étapes importantes dans l'existence, vous avez parfois besoin de régresser pour mieux avancer. N'oubliez pas que vous traversez une période qui peut vous paraître angoissante, voire douloureuse. C'est une étape de sevrage. Aussi, ne soyez pas trop exigeant avec vous-même.
Essayez d'accepter d'avoir parfois besoin des adultes.

Parti pris

LA RESPONSABILITÉ DES PARENTS DEVANT LA LOI

« L'autorité appartient aux pères et mères pour protéger l'enfant dans sa sécurité, sa santé, sa moralité. Ils ont à son égard droit et devoir de garde, de surveillance et d'éducation » (Art. 371 du Code civil).

Maryse Vaillant

Toute contrainte n'est pas violence

La responsabilité de vos parents est de vous guider dans votre éducation. Ils sont là pour poser un cadre sous la forme d'interdits, de règlements, de conventions qu'ils passent avec vous. Vous avez besoin d'être dirigé, mais avec souplesse. Leur autorité vise à poser des limites, à vous les expliquer et à savoir vous convaincre.
Quoi que vous pensiez parfois, fermeté ne veut pas dire violence. Toute contrainte n'est pas violence !
Autorité et contraintes permettent à vos parents de vous aider à bâtir votre identité en vous confrontant à la leur,

ce qui ne vous empêchera pas de jongler avec les interdits, de discuter interminablement sur les horaires, les sorties… C'est la règle du jeu ! En cherchant en permanence à négocier avec vos parents, à trouver leurs limites, vous tentez au fond de retrouver l'aspect rassurant de ce que vous avez déjà expérimenté durant votre enfance.

En s'opposant à vous, en disant « non » à certains de vos choix, de vos positions, ils vous aident. En affirmant leur autorité, ils vous permettent de vous construire en tant que futur adulte. En effet, les limites que vos parents vous imposent constituent la première forme de reconnaissance sociale que vous rencontrez.

Vos parents estiment toujours que leurs ordres ou leurs conseils sont justifiés alors que vous pouvez les trouver arbitraires, injustes, rétrogrades ou inutiles. Mais accepteriez-vous qu'ils vous laissent tout faire, qu'ils ne vous imposent

La pause philo

« La pose de limites est indispensable pour lutter contre le fantasme de toute-puissance. »
Michel Manciaux, in *Enfances en danger*, éd. Fleurus psycho-pédagogie, novembre 1997.

rien ? Trop d'adolescents livrés à eux-mêmes souffrent du désintérêt de leurs parents et se sentent même abandonnés. Quel paradoxe ! Les jeunes à qui les parents ne posent pas d'interdits, de limites, ne se sentent pas libres. Ils sont entravés dans leur évolution, comme si le manque de repères parentaux leur ôtait tout désir de vivre, de s'affirmer.
En effet, les limites posées par l'éducation dessinent un espace rassurant qui vous permet de bâtir votre territoire mental. Vous savez jusqu'où vous pouvez aller et pourquoi. Que les raisons de vos parents ne vous semblent pas toujours justifiées ne change rien à l'affaire. Même si vous ne comprenez ou n'admettez pas ces injonctions éducatives, elles vous structurent. Si vous les refusez, libre à vous de les transgresser ou d'en discuter avec vos parents. Ainsi, vous apprendrez à payer le prix de votre liberté et vous pourrez construire votre identité personnelle.
Parfois, votre besoin de vous affirmer est si fort que vous rejetez, paradoxalement, le parent dont vous vous sentez le plus dépendant, celui qui vous valorise le plus. Un adolescent a un jour renoncé à jouer au tennis le dimanche avec son père avec qui il se sentait jusqu'alors très proche. Par cette mise à distance, le jeune homme a voulu prouver qu'il était indépendant, fort. C'est à lui-même qu'il a fait du mal ; il a perdu une activité qui le valorisait et une relation qui l'enrichissait, ce qui l'a fragilisé d'autant. Il a en fait renforcé sa dépendance.

Autorité, autoritarisme, laxisme

Un adolescent auquel les parents ont donné un cadre durant toute son enfance accepte plus facilement les refus, les interdits parce qu'il a intégré depuis son plus jeune âge les limites. Il se soumet plus facilement à la loi, aux institutions. Certains sont même « dressés » à obéir et recherchent constamment un cadre rassurant, une autorité qui les protège.
Mais l'autorité ne peut être synonyme de rigidité et d'austérité, ni se réduire à se fâcher ou à punir. L'autorité n'est

Pour aller plus loin

L'INTERDIT RASSURANT QUI STRUCTURE

Jérôme, 17 ans, veut passer deux jours à la campagne avec des copains. Il espère bien y retrouver sa copine, Marine. Lorsqu'il demande l'autorisation à ses parents, ces derniers refusent de le laisser partir parce qu'il doit préparer son examen de français. « Je n'accepte pas que tu sortes. Je ne peux pas dire "oui". Tu verras plus tard. » Jérôme sent bien que ses parents n'ont pas tort. Quand il sera indépendant, il pourra faire ce qu'on lui interdit aujourd'hui.

Chez Marine, l'interdit se pose autrement. Ses parents refusent catégoriquement à leur fille de partir en week-end avec des copains qu'ils ne connaissent pas. « Tu n'as pas honte de vouloir sortir ? Avec des garçons en plus. À ton âge, je n'étais pas aussi dévergondée. En plus, tu n'es même pas capable de faire la vaisselle à la maison. Alors, comment pourras-tu aider à préparer les repas, à faire les courses. Tu n'es encore qu'une petite fille. »

Les parents de Marine lui ont posé des interdits qui sont teintés d'un jugement péjoratif. Leurs réflexions portent un verdict sur l'adolescente qui peut se sentir culpabilisée par ce qu'elle entend. Pour soumettre Marine à leur pouvoir, ses parents ont ressenti le besoin de la dévaloriser. Touchée dans son identité, elle se sent meurtrie et peut nourrir un sentiment de révolte. L'adolescente risque alors de transgresser l'interdit, de prendre son sac et de partir malgré tout. L'abus d'autorité est aussi une forme de violence.

La grande différence entre l'interdit et l'humiliation est posée là.

« L'interdit se passe de commentaire, il n'a pas besoin d'être blessant, il ne rend pas coupable. À l'inverse, l'humiliation est un puissant moteur de conduites violentes car l'identité blessée de l'un cherchera à atteindre, en réponse, l'identité de l'autre ». (Jeammet P., *Adolescences,* Fondation de France, Syros, 1997).

pas l'autoritarisme. Si vos parents vous imposent des limites trop rigides, vous chercherez à les transgresser. Ou alors, vous vous replierez sur vous-même, en fuyant le conflit.
À l'inverse, un adolescent qui a des parents laxistes pourra se sentir parfois comme délaissé par eux. Orphelin de toute autorité et abandonné à sa toute-puissance, il risque alors

de ne plus accepter les cadres ou de vouloir désespérément des limites qui le rassurent. D'où le risque qu'il cherche, par des actes violents, un cadre qui sans cesse se dérobe.
Entre les parents qui veulent serrer la vis et ceux qui démissionnent parce qu'ils ont peur d'envenimer les relations avec vous, il existe donc une « bonne autorité », un bon usage de l'autorité parentale. Une éducation trop rigide ou trop laxiste

provoque une panique interne et la soumission au plus fort. Si le rapport à la loi n'est pas intégré, ce sont les rapports de force qui l'emportent : soumission aux puissants, chantage affectif, stratégie de détour pour contourner la loi, crainte de la loi du talion... L'éducation sans repère et sans loi, sans respect ni considération provoque une grande dépendance et une immense fragilité.
Ce type d'éducation ne permet pas à l'enfant de se respecter et provoque une mauvaise image de lui-même, ce qui l'entraîne à la violence. « Si je suis déjà un mauvais objet pour mes parents, il n'y a pas de raison que je ne m'identifie pas à ce mauvais objet qu'on a voulu faire de moi, il n'y a pas de raison que je ne sois pas violent. » Éduquer, ce n'est pas violenter; l'éducation, c'est le contraire de la violence.

Rêves, erreurs et désirs parentaux

Luc racontait toujours la même histoire à ses enfants : on l'avait forcé à jouer du piano alors qu'il n'aimait pas cet instrument. Son père avait rêvé d'être musicien et sa mère danseuse. Ils ont tous deux voulu que leurs enfants réalisent leur rêve. Ni Luc ni sa sœur n'étaient doués, aussi ils ont souffert.
Un jour que Luc se plaignait ainsi d'avoir été confronté aux aspirations irréalistes de ses parents, un de ses amis l'a écouté calmement et lui a dit : « Tu as bien de la chance d'avoir des parents qui voulaient quelque chose pour toi. Tu trouves que c'est faire violence à un enfant que de lui imposer ses propres rêves, mais que dirais-tu si tes parents ne t'avaient jamais rien demandé ? Les miens ne se sont jamais aperçus de mon existence. Ils étaient bien loin de me voir réussir pour eux. Je n'étais pas leur prolongation, je n'étais rien... »
Depuis ce jour, Luc ne se plaint plus et, lorsqu'il se met au piano, il a une pensée émue pour ses parents.
Jean-Marie Petitclerc, éducateur spécialisé travaillant auprès des adolescents en difficulté, explique dans *Quels adultes pour quels adolescents ?* qu'un adulte doit, face à un adolescent,

« savoir à la fois et en même temps prendre en compte l'enfant qu'il continue d'être un peu et l'adulte qu'il commence à être ».
Pour illustrer ses propos, Jean-Marie Petitclerc aime se servir de la parabole de la graine. Il y a les parents qui ne voient pas la graine pousser et acceptent difficilement que leur enfant se détache d'eux. D'autres, lorsqu'ils voient une graine, voient déjà l'arbre, se l'inventent. Ce sont les parents moins intéressés par leur enfant que par le projet qu'ils ont pour eux : reprendre l'entreprise familiale, réaliser le rêve maternel de devenir actrice… D'autres, qui savent voir à la fois graine et arbre, seront attentifs au terrain. Ces derniers permettent « à la graine de prendre racine dans le passé pour naître à la nouveauté ». Autrement dit, devenir soi-même, pour un enfant, ce n'est pas toujours réaliser le rêve de ses parents, mais c'est prolonger, à sa manière, la force de vie qui les a animés. Apprendre à relativiser les comportements parentaux, ce n'est pas être déloyal, c'est apprendre la lucidité. La plupart des parents croient bien faire. Ils sont embarqués dans

l'éducation de leurs enfants avec la conviction de mieux réussir que leurs propres parents. Ils veulent épargner à leurs enfants les souffrances et les erreurs qui ont émaillé leur propre vie. À travers leurs erreurs éducatives, c'est leur amour qui parle, leur désir de bien faire.

Devenir adolescent, puis adulte, c'est apprendre la lucidité et le libre-arbitre. L'enfant n'est pas soumis, comme une victime passive, à l'éducation ou à l'amour de ses parents, il doit se construire.

Les erreurs parentales sont fréquentes. Vous vous en apercevrez en éduquant vos propres enfants : on ne peut jamais être certain de faire bien.

La violence éducative serait d'être soumis à ces erreurs sans recours et sans liberté intime. Les recours sont ceux que la société vous offre, la liberté intime, ce sont vos parents qui vous la donnent par leur désir de bien faire ; profitez-en.

• Conseils

Si le poids des rêves de vos parents pèse lourdement sur vos épaules, il faut vous en libérer. Vous devez pouvoir nommer ce qui vous entrave dans votre liberté de choix, pour que vos rêves et vos projets plus personnels s'épanouissent.

Essayez de parler à quelqu'un qui vous est proche : un oncle, un grand-père, un grand frère... Une personne auprès de qui vous pouvez vous confier, sans risquer de provoquer des disputes, des malentendus. « Ça ne va pas. Je ne me sens pas concerné par cette histoire. Le rêve de célébrité, de théâtre ou de chant appartient au monde de ma mère et pas au mien. »

N'oubliez pas non plus les conseillers d'orientation et tous les personnels scolaires qui sont là pour vous comprendre et vous soutenir.

Il est inutile de souffrir en silence en pensant que les dissensions entre vos parents et vous s'atténueront ou disparaîtront. Lorsque les parents s'aveuglent sur leur enfant, chaque jour creuse l'écart entre la réalité et le rêve. Il vaut mieux s'exprimer, faire connaître ses désirs pour ne pas laisser le malentendu et l'incompréhension prendre toute la place.

LES VIOLENCES SOCIALES

« J'attendais sur le boulevard du lycée l'heure de mon rendez-vous avec Sophie, une copine de classe avec laquelle je voulais sortir. Alors déboula Fabien, un garçon de l'autre classe, également amoureux de Sophie. Je ne me sentais pas tranquille, car il est agressif. "Qu'est-ce que tu fous là ?" Au lieu de lui répondre, j'ai baissé la tête parce que, déjà, je savais ce que Fabien allait m'asséner : "T'occupes pas de Sophie, elle n'est pas à toi ; t'as pas de place ici ; tu ferais mieux de rentrer au bled." »

Farid, 15 ans.

Le racisme

Traiter un Arabe de « bougnoule », un Juif de « sale juif », un Africain de « nègre »... sont des insultes racistes. Le racisme est une attitude d'hostilité manifestée à l'encontre d'une catégorie de personnes considérées comme différentes, « inférieures » parce qu'elles sont d'une autre nationalité, d'une autre religion, d'une autre couleur. Le racisme est source d'exclusion, car il laisse de côté une frange de la population.

Le racisme commence toujours par le langage, par des mots d'une très grande violence, car ils excluent l'autre et le blessent personnellement. Dans les actes, le racisme s'exprime par une discrimination : dans l'accession au logement, à l'emploi, aux stages, aux loisirs. Un jeune qui se voit interdit d'entrée dans une discothèque parce qu'il est arabe ou noir est victime de discrimination raciale.

« J'ai reçu des jeunes en larmes parce que leurs copains avaient pu entrer dans la discothèque, et pas eux. Ils avaient eu le sentiment d'avoir pris une claque, de n'être rien du tout. Ils avaient alors une seule envie, jeter leur carte d'identité. »

Ibrahim Sorel, militant à SOS Racisme.

La discrimination constitue une violence pour ces jeunes qui se ressentaient jusqu'alors comme totalement français ; ils n'avaient pas souffert d'être noirs ou arabes jusqu'à ce qu'ils soient confrontés à des pratiques discriminatoires qui les excluent, les rejettent. Comment pourront-ils construire leur avenir s'ils ne sont pas reconnus dans la société dans laquelle ils vivent ?

Malheureusement fréquents, ces agissements sont punis par la loi, en vertu de l'article 225 du Code pénal qui interdit toute pratique discriminatoire. Le racisme est dangereux parce qu'il remet en cause le principe d'égalité si cher à l'esprit républicain.

• Conseil

Si vous subissez une injure raciste ou si vous êtes victime d'une pratique discriminatoire, surtout gardez votre calme. Ne prêtez pas le flanc à votre agresseur en haussant le ton, en devenant agressif, parce que la violence est autodestructrice. Répondre à l'agression par l'agression ne sert à rien.

Essayez plutôt d'engager le dialogue avec la personne qui vous insulte afin de la mettre face à ses responsabilités de citoyen. Rappelez-lui que vous pouvez porter plainte contre elle. N'hésitez pas à contacter des associations telles que SOS Racisme, qui s'appliquent à défendre les victimes du racisme, notamment en enga-

Adresse

SOS Racisme
28, rue des Petites-Écuries,
75010 Paris.
Tél. : 01 53 24 67 67.
www.sos-racisme.org

geant une action en justice. Il existe aussi une permanence téléphonique, mise en place par les pouvoirs publics, qui défend et protège les victimes de la discrimination (voir à la fin de l'ouvrage).

Chômage, exclusion

C'est d'une grande banalité, mais les jeunes qui grandissent dans des familles épanouies, financièrement à l'aise, ont généralement moins de difficultés à se projeter dans l'avenir que d'autres adolescents en difficulté économique ou sociale. Quand la famille traverse des moments pénibles, comme le chômage, la maladie ou le divorce, aux conséquences économiques et financières importantes, il est plus difficile pour l'adolescent de se concentrer sur son travail scolaire.

L'échec scolaire qui s'ensuit peut renforcer votre sentiment d'être mis sur la touche. Aux problèmes qui secouent la famille, la difficulté scolaire ajoute son lot d'épreuves. Ça va mal partout ; nulle part on ne se sent chez soi. Certains d'entre vous peuvent se sentir infériorisés, ne plus se faire confiance et nourrir une peur de l'extérieur, de la société « normale » qui consomme en toute liberté, sans être dans la crainte continuelle de manquer.

L'exclusion revêt plusieurs formes : inactivité (chômage), absence d'intégration culturelle (immigration), absence de projets et de formation (école, apprentissage), problèmes de logement. Parmi toutes ces blessures, l'exclusion économique est ressentie très fortement à l'adolescence où vous désirez consommer les mêmes produits, porter les mêmes marques, jouer aux mêmes jeux, écouter les mêmes disques que vos copains…

Les adolescents qui subissent cette forme insidieuse d'exclusion de la consommation ne sont pas toujours soutenus par leurs parents ; en effet, ces derniers ont, de leur côté, leurs propres difficultés économiques. Comment dire à votre mère qui ne peut payer le loyer ou le dentiste que

vous avez envie d'acheter un CD ou une nouvelle jupe ? Aussi, vous risquez de vous enfermer dans vos problèmes, de vous replier sur vous-même. Certains d'entre vous peuvent se révolter et commettre des petits délits qui risquent de leur coûter cher et d'hypothéquer leur avenir.
La violence économique qui pèse sur vous est d'autant plus forte que votre besoin de conformité est important à cet âge. Celui qui peut être fier de ses vêtements, même vieux ou totalement ringards, souffrira moins que celui qui a besoin d'être à la mode pour se sentir exister.
Essayez de vous libérer du diktat des marques et des modes ; apprenez à relativiser, à déjouer les pièges de la consommation forcée. Pourquoi ne pas adhérer à une association de consommateurs ? Il n'est jamais trop tôt pour résister et pour s'informer… Renseignez-vous.

Violence dans les transports

Les actes graves de violence sont très rares dans les transports en commun. La violence quotidienne est surtout faite d'incivilités qui provoquent un sentiment d'insécurité : agressivité, gestes déplacés, marques d'irrespect. Les banquettes sont lacérées, trouées, les voitures barbouillées de tags…
La fraude est une cause indirecte du sentiment d'insécurité dans les transports en commun. En effet, certains passagers sans ticket de transport peuvent être agressifs envers les contrôleurs qui ne font que leur métier ; ce climat perturbe les usagers qui utilisent chaque jour un bus, un train, un métro.
Les risques d'agression des agents ou des voyageurs sont réels, mais ils sont moins importants dans les transports en commun que dans la ville. Sachez qu'à Paris, par exemple, le métro est plus sûr que les rues.
Certains voyageurs peuvent toutefois être victimes de vols (téléphones portables, bagages, sacs), d'intimidation, de racket…

« Un jour, dans le train, trois types se sont tournés vers une jeune fille qui était seule dans un coin : "Hé, regarde comme elle est bien foutue ! Ça doit être un bon coup, non ?" J'ai vu la fille chercher désespérément de l'aide parmi les passagers. Mais, dans le compartiment, tous les témoins de la scène ont fait comme s'ils n'avaient rien vu. Que faire ? J'avais peur, mais j'étais tellement révolté par l'inertie des voyageurs que je me suis levé pour tirer sur le signal d'alarme. Dès que le train s'est arrêté, j'ai subi les soupirs d'exaspération des personnes inquiètes d'arriver en retard à leur travail.
N'empêche ! La jeune fille a pu poursuivre son voyage sans être inquiétée. Et dans le compartiment j'ai senti que le regard des passagers avait changé. Plus respectueux ! Alors, je me suis senti content de moi. »

Jonas, 14 ans.

Dans les bus, les conducteurs sont davantage victimes d'agression que les passagers. Aussi font-ils régulièrement grève pour protester contre cette violence. Ils sont fatigués qu'on leur crache dessus, qu'on les insulte et qu'on les menace d'un couteau. Ils sont d'autant moins protégés lorsqu'ils entrent dans les cités, les zones excentrées où sévissent les actes de violence. Ils sont agressés dans leurs multiples fonctions : accueil, conduite… Certains chauffeurs refusent désormais les lignes réputées plus dangereuses que d'autres ; les premières victimes de cette situation sont les passagers, privés de moyens de transport.
Les transports en commun permettent de trouver un espace de liberté dans un quotidien parfois pesant. Dans le train, le métro, vous pouvez lire, rêver, discuter, rencontrer d'autres personnes… Or le sentiment d'insécurité provoque chez les passagers qui se sentent pris en otage un repli, voire une agressivité. Comme le souligne Jacques Colliard, à la direction de la sûreté à la SNCF : « La violence confisque le service public au détriment du public. »

FAUT PAS L'FER
INCIVILITÉ !
pour vivre bien dans nos trains adoptons un comportement citoyen
SNCF

Pour éviter une position de repli et un sentiment de crainte, il est essentiel que chacun d'entre vous se comporte en citoyen responsable. Les transports en commun, c'est l'affaire de tous !

Les actes de violence sont menés par une minorité d'individus. Or il suffit d'une agression dans un bus pour que chacun pense que les jeunes deviennent de plus en plus violents. Tout se passe comme si, dans l'esprit du public, les jeunes étaient responsables de l'insécurité dans les transports et de tous les actes de délinquance. Or ils sont autant victimes que les adultes de ces violences.

• Conseil

Si vous êtes témoin d'une scène d'agressivité ou de violence, il faut intervenir. Ne pensez pas que vous ne pouvez rien faire ou que ce n'est pas votre affaire, car l'indifférence est le pire des fléaux. Aussi, essayez de briser la coquille de l'anonymat. Inutile pour autant de vous transformer en Zorro ou en Rambo. Faites appel à un agent de la SNCF ou de la RATP qui va intervenir. Vous pouvez agir en tant que témoin en donnant votre nom, en signalant les faits. Tirez sur le signal d'alarme, si c'est nécessaire. Actuellement, la SNCF forme ses 180 000 agents à l'accompagnement du public en situation de violence. Des agents de la surveillance générale, des cheminots en uniforme, sont présents dans les gares, les trains, pour sécuriser les voyageurs, prévenir les problèmes et intervenir en cas de flagrant délit. Leur rôle consiste davantage à dissuader qu'à interpeller.

LA VIOLENCE À L'ÉCOLE

2

L'école est le lieu de la transmission du savoir et de la connaissance. On comprend alors que l'association des mots « violence » et « école » fasse frémir. C'est pourtant dans la cour de récréation et aux abords du collège, voire en classe même, que certains d'entre vous découvrent la violence, celle des autres enfants, de certains adultes, sans oublier la leur. C'est que la violence naît facilement dans tout collectif contraignant. Pour éviter qu'elle s'y développe, il faut que chacun se sente concerné par les relations aux autres.

Mais pourquoi attendre que les choses se fassent pour vous ; vous devez être les acteurs de votre scolarité. Ne pas se laisser faire par la violence scolaire, c'est aussi l'affaire des élèves. Apprendre à penser, à agir, à réagir, découvrir la solidarité, le fair-play, c'est votre affaire. Pour vous, l'école sera alors le vrai chemin de la liberté.

L'ORIGINE DE LA VIOLENCE SCOLAIRE

« Depuis la rentrée de septembre, je suis dans un autre lycée parce que mes parents ont déménagé. Je suis complètement perdu dans ce bâtiment immense où circulent énormément d'élèves. Difficile dans ces conditions de se faire des copains ! Moi qui étais jusqu'alors un bon élève, je n'ai plus le goût d'étudier. Du coup, mes résultats scolaires s'en ressentent. L'autre jour, on m'a piqué mon sac. Personne ne m'a aidé à le retrouver. Ici, pas une semaine ne se passe sans un vol ou une altercation entre élèves. Parfois, les profs se font même agresser par les élèves ! C'est dingue ! Le proviseur a l'air complètement dépassé par les événements. Dans ces conditions, c'est totalement impossible de travailler sereinement. »

Olivier, 16 ans.

École d'hier, école d'aujourd'hui

S'il fallait croire la presse et la télévision, qui relatent régulièrement des incidents dans les collèges ou les lycées, la violence a envahi l'école. D'ailleurs, ne parle-t-on pas régulièrement des violences scolaires comme de la violence routière, comme s'il n'était pas possible de dissocier un terme de l'autre ?
Il y a davantage de drames, d'accidents, de violences sur les routes de France que dans les lycées. L'école n'est pas envahie par la violence, même si des faits isolés alertent régulièrement l'opinion. Or la peur prend généralement le pas sur la réalité. À force d'entendre qu'il y a beaucoup de violence dans les écoles, vous êtes sur la défensive, vous craignez d'être la cible d'élèves agressifs, violents. Pour peu que vous fréquentiez un établissement réputé sensible, vous vous protégerez davantage contre les agressions.
Il est donc essentiel de faire le point sur la réalité de la violence dans les lycées pour ne pas se laisser déborder par des peurs non fondées.

Origine de la violence scolaire

Aujourd'hui, lorsqu'il est question de violence scolaire, des faits brutaux sont relatés, qui mettent à mal cette noble institution qu'est l'Éducation nationale : tels élèves ont poussé leur copain du haut des escaliers, tel enseignant s'est fait piller sa voiture à la sortie du lycée… L'actualité est-elle aussi tragique qu'il y paraît ? En réalité, la violence à l'école a toujours existé. Autrefois, les chahuts des potaches étaient réprimés, souvent violemment. C'était l'époque des blouses, des horaires stricts, du silence imposé à l'arrivée des profs dans la classe…
Demandez à vos parents ou à vos grands-parents. Ils vous raconteront les coups de règle reçus à la moindre incartade, les renvois sans sommation. La discipline physique était de mise à une certaine époque, approuvée et reconnue par

tous, enseignants, parents et élèves. L'éducation se faisait par la contrainte. De plus, il y a encore trente ou quarante ans, les élèves n'avaient pas tous accès à une scolarité normale. Seuls les bons éléments qui se pliaient à la discipline de l'école pouvaient prétendre aux études, au savoir. L'enseignement secondaire était réservé aux enfants de parents qui avaient eux-mêmes fréquenté le collège et le lycée. Il existait un vrai problème d'exclusion sociale ; les enfants de familles modestes n'allaient pas au collège ni au lycée, leur scolarité s'arrêtait à 14 ans, plus tard à 16 ans, avec le certificat d'études ou le brevet.
Ainsi, la plupart des jeunes qui perturbent aujourd'hui la vie des enseignants – ceux qui ont le plus de mal à se plier à l'autorité et aux contraintes scolaires – ne seraient pas allés au collège, encore moins au lycée, à l'époque. Ils arrêtaient leur scolarité avant le secondaire ou étaient relégués dans certaines filières. L'adolescence difficile ou même, tout sim-

plement, tumultueuse était tenue hors des murs scolaires… Ce qui n'empêchait pas les actes de violence dans les lycées, y compris dans ceux de « bonne réputation ». Ainsi, le racket a toujours existé partout.
Le tournant fatidique s'est opéré en 1975, lorsque le collège unique a été mis en place. Le secondaire a intégré tous les élèves dans des enseignements relativement longs.
Le début de l'adolescence n'est pas toujours propice à la discipline scolaire : entre 12 et 15 ans, vous cherchez les émotions fortes, vous ne tenez pas en place, vous avez davantage envie de découvrir le monde de la rue que l'univers des livres. Pourtant, c'est l'âge des programmes lourds et des classes surchargées.
Les effectifs dans les collèges ont grossi, et les risques sont alors devenus plus importants de voir s'y développer des actes de violence. C'est d'ailleurs la raison pour laquelle les collèges continuent actuellement à être davantage exposés aux actes de violence que les lycées. Les élèves qui arrivent en seconde sont généralement assez motivés pour consacrer davantage de temps à l'étude. Il y a donc moins de place pour les actes de violence.
De leur côté, les enseignants peuvent être dépassés par les sureffectifs, la diversité des publics. L'école est aussi victime de sa crise de croissance ; comme la société, elle doit supporter des inégalités, des exclusions. Les grandes questions sociales ont pénétré dans l'école qui se voit frappée de plein fouet par la pauvreté, l'inégalité, l'arbitraire, l'économique, le culturel, et même le politique. Tout ce qui se traitait en dehors de ses murs l'envahit : difficile alors d'enseigner, il faut aussi éduquer !

Les premiers rapports sur la violence scolaire ont été publiés dans les années quatre-vingt. C'était il y a plus de vingt ans… Aujourd'hui, la violence à l'école fait régulièrement la une de l'actualité ; des plans de lutte contre la violence scolaire s'accumulent sur les bureaux ministériels pour tenter d'endiguer ce problème et de trouver des solutions : déployer plus de moyens, de surveillance…

Des incivilités au sentiment d'insécurité

Même si elle est perturbée par la turbulence des adolescents, l'école n'est pas envahie par la violence. Les faits graves sont exceptionnels et très peu d'élèves passent devant le juge pour avoir commis un acte de violence grave.

Éric Debarbieux, professeur en sciences de l'éducation, a réalisé une enquête dans les établissements scolaires pendant cinq ans (*La Violence en milieu scolaire*). Il relativise la violence et brise les idées reçues. Selon lui, le problème actuel dans les établissements scolaires, ce sont les incivilités : injures, cris et bousculades dans les couloirs, bavardages dans les classes, refus de l'autorité, petits larcins, dégradation des locaux (vitres cassées, poubelles éventrées…). Même si ce ne sont pas des délits punis par la loi, ces comportements pénibles à supporter au quotidien sont en augmentation. Ils ne se limitent pas aux seuls établissements scolaires. Les graffitis sur les murs, les poubelles éventrées à l'entrée des immeubles, les actes de vandalisme dans les cabines téléphoniques surviennent également dans les quartiers, les bus, les villes. Les incivilités constituent des manquements aux règles élémentaires de la vie en société. Elles dénotent un réel manque de respect d'autrui et de l'espace public. Dans les établissements scolaires, elles détériorent les relations entre élèves et adultes. Comme le souligne Éric Debarbieux, elles font naître un « sentiment de violence ». Les incivilités donnent l'impression qu'à tout moment tout peut basculer, ce qui provoque un vif sentiment d'insécurité chez tous, élèves et adultes.

En se répétant, les incivilités déclenchent des réactions défensives qui vous obligent à garder l'œil sur vos affaires ou à vous retenir de répondre aux provocations de certains.

Les enseignants sont également touchés par ces perturbations quotidiennes, qui les usent et leur font ressentir une dégradation constante de leurs conditions de travail.

Définition

L'incivilité est un comportement sans gêne et provocateur, source de perturbation et d'exaspération dans la vie quotidienne des établissements scolaires, dans les rues, dans les espaces publics et dans les cités.

« Quand un élève discute en classe et m'empêche de faire cours, c'est pour moi de la violence. »
Violence en France, de Michel Wieviorka.

N'importe qui peut ressentir comme violence l'agitation de fin d'après-midi, essentiellement due à la fatigue des élèves qui la manifestent, sans aucune intention de nuire. On peut comprendre le sentiment d'épuisement d'un adulte usé par la répétition d'un énorme stress, quotidiennement éprouvé.
Après des mois, des années de tension, certains professeurs perdent ainsi toute motivation, tout intérêt pour enseigner. Ils ont l'impression de passer leurs journées à faire de la discipline.
Il ne faut pas laisser passer les incivilités ni les banaliser parce que ces actes sont souvent des provocations et que,

surtout, ils nient la notion de respect indispensable pour une bonne cohabitation entre tous.
Chacun peut améliorer l'ambiance générale dans l'établissement. Par des petits gestes, en apparence anodins mais néanmoins chargés de sens, vous pouvez montrer le souci que vous avez des autres élèves et des enseignants. Avant d'entrer en classe, dire bonjour, laisser passer votre camarade pour éviter la bousculade, écraser votre chewing-gum et l'envelopper dans un papier qui sera jeté dans la poubelle : ça, c'est la classe, non ? Pourquoi ne pas prendre le risque de l'élégance, le contraire de l'incivilité ?
De même, arrêtez de penser qu'il est normal de s'insulter, de s'injurier entre élèves. Ces comportements pénibles à supporter peuvent conduire à des actes plus graves. Le ton monte, l'agressivité aussi, chacun se sent emporté par l'ambiance et se retrouve excité, énervé, hargneux, même sans s'en apercevoir.
« Nos propres recherches ont ainsi mis en lumière que là où le sentiment d'insécurité est le plus fort, à quelques exceptions notables, les délits sont les plus présents et que là où l'incivilité se manifeste le plus, le risque de violence “dure” est le plus grand », souligne Éric Debarbieux.
Autrement dit, selon lui, quand le ton monte et que chacun s'emporte sans aucune retenue, le respect des règles de vie collective est plus difficile. On commence par ne pas respecter les codes de civilité ordinaire ; on se bouscule, on s'injurie, on chahute, et l'on passe insensiblement au vol et à la destruction, voire à l'agression : on s'approprie les affaires de l'autre, on les détériore, on s'en prend à lui physiquement.
De l'incivilité qui révèle un manque de savoir-vivre, une question de discipline qui doit être gérée par l'établissement scolaire, il est facile de passer au délit qui est puni par la loi et réglé par la police et la justice.
Toutefois, les actes de violence les plus graves (vol, viol…) seraient actuellement en régression et limités à quelques établissements.
Lorsque la violence s'empare d'un établissement, enseignants et élèves ont tendance à se replier sur eux par crainte

de ce qui peut leur arriver, et donc à souffrir de cet enfermement. Bernard Defrance, professeur de philosophie et auteur de l'ouvrage *La Violence à l'école,* a constaté que « les phénomènes de violence se réduisent si les élèves estiment qu'ils peuvent communiquer facilement avec les professeurs et l'administration ».
En effet, si vous pouvez échanger avec les adultes de votre lycée sur toutes les difficultés rencontrées dans votre vie quotidienne, vous aurez confiance en eux. Ayant le sentiment que vous êtes pris en considération, vous serez davantage en mesure de vous investir dans votre lycée et dans vos études.
Une fois de plus, la violence, même la plus ordinaire des violences bruyantes et agitées, donne à l'élève le sentiment de n'être ni protégé ni soutenu par les adultes.
Quand vous avez confiance dans ceux qui vous encadrent, vous n'éprouvez pas le besoin de hurler pour vous faire entendre et de tout casser pour vous exprimer.
La violence, c'est toujours la mise en échec de la relation.

Pour aller plus loin

L'INVASION EST UN MYTHE

Contrairement à une légende tenace, la violence est rarement exercée par des éléments extérieurs à l'établissement. « L'invasion reste un mythe », précise Éric Debarbieux dans *La Violence en milieu scolaire*. Au sein de l'établissement, seul un petit groupe de jeunes, un « noyau dur », peut en arriver à faire la loi et provoquer ainsi des troubles. En règle générale, ces élèves sont en situation d'échec scolaire, ils présentent des difficultés d'insertion sociale et viennent de familles en difficulté. Plus le taux d'échec dans les établissements scolaires est élevé, plus les comportements violents augmentent. L'adolescent qui vit mal sa situation d'échec scolaire et social peut être conduit à chercher une compensation à son sentiment d'injustice dans des attitudes violentes. Point important que souligne Éric Debarbieux, ces élèves ne sont pas issus d'un milieu socio-économique déterminé, n'appartiennent pas à une origine ethnique ou à une religion particulière.

LES DIFFÉRENTS TYPES DE VIOLENCE SCOLAIRE

« L'année dernière, j'avais dans ma classe un garçon qui venait d'une famille pauvre. Il se faisait maltraiter par tous les élèves de la classe, et même par moi. Tout le monde se moquait de lui et lui donnait les surnoms les plus méchants. Je suivais le mouvement parce que je ne voulais pas subir le même sort que lui. »

Jérémie, 17 ans.

Violence des mots, des coups

L'école n'est pas le lieu de toutes les violences. Cependant, même si votre vie quotidienne n'est pas marquée par de dramatiques faits divers, elle peut néanmoins être entachée par des tensions de tous les instants (injures, vexations, disputes, bagarres) ou par des agressions plus sournoises (racket, dégradation de matériel…).
Comme toute vie en communauté, le lycée oblige à côtoyer des personnes que vous ne choisiriez pas nécessairement comme amis ; il s'ensuit d'inévitables tensions qui se traduisent par des mots ou des bagarres…
Taper sur l'autre pour rire, pour s'expliquer ou pour avoir le dessus, poser la main sur les fesses d'une fille pour la faire rougir sont des pratiques courantes dans les lycées. Qui ne s'amuse pas de ces gestes considérés comme d'autant plus inoffensifs qu'ils font rire tout le monde ?
Certes, ces actes de violence ne laissent pas de traces ni de cicatrices physiques, mais ils font souffrir la victime qui peut se sentir blessée, humiliée. Il en est de même pour les mots. Qu'on vous traite de « pétasse », de « bouffon », et vous risquez de perdre tous vos moyens.
La violence est subjective. Si certains d'entre vous se défendent en frappant, en crachant ou en injuriant encore plus, d'autres se taisent et se replient sur eux-mêmes.
Le vaincu ne peut imaginer d'autre voie pour rétablir ses droits ou intérêts que celle de la vengeance : malheur au faible, il faut se faire « respecter ». La vengeance est inutile et dangereuse. Si vous avez subi une violence, le plus important est de commencer par refuser d'être victime. Il faut savoir dire « Stop ! Je ne suis pas d'accord » et apprendre à se faire aider par les autres.
N'hésitez pas à vous confier à un adulte dans votre établissement ou à un autre lycéen. Dans certains établissements, des élèves qui ont été formés pour être médiateurs interviennent dans les conflits entre élèves. Ils ne sont pas là pour réprimander ni punir, mais, au contraire, pour pacifier les esprits dans une réelle ambiance d'entraide et de solidarité.

Dégradation du matériel : que risquez-vous ?

Parfois, à travers les actes de violence, c'est l'institution scolaire qui est visée. Certains élèves « s'amusent » à dégrader le matériel du lycée, à casser les vitres de la classe, à détériorer la salle de gym. Ce ne sont pas des incivilités, mais des délits punis par la loi, surtout s'ils sont commis en groupe.
On a ainsi vu des lycéens se mettre à plusieurs pour provoquer un incendie dans le gymnase. Souvent, il s'agissait d'élèves qui voulaient se venger d'une décision considérée comme « injuste » à la suite d'un conseil de classe ou d'un conseil de discipline. Certains même s'en sont pris à l'enseignant qui les avait sanctionnés en crevant les pneus de sa voiture ou en le menaçant d'un couteau. Ces agressions sont, fort heureusement, rares et menées par une minorité d'élèves.
Si vous avez dégradé du matériel scolaire, il faut savoir ce que vous encourez. Non seulement vous devez le rembourser, mais vous pouvez également faire l'objet d'une sanction disciplinaire. Vous pouvez aussi vous retrouver devant la justice et poursuivi pour dégradation volontaire, un délit passible du tribunal correctionnel ou du tribunal pour enfants si vous êtes mineur. C'est le cas d'élèves qui ont incendié leur lycée : n'oubliez pas que l'incendie volontaire est un crime passible de la cour d'assises des mineurs.
Si la dégradation est involontaire, vous pouvez, là encore, faire l'objet d'une sanction en plus du remboursement total ou partiel. Vos parents (ou bien vous, si vous êtes majeur) peuvent donc être amenés à rembourser le matériel et à réparer ce que vous avez endommagé.

Un sentiment d'injustice à l'origine de la violence

Comme les injures proférées par vos camarades, les paroles moqueuses, dévalorisantes ou condescendantes que vous pouvez entendre tous les jours de la part de vos professeurs sont humiliantes : ne pas être appelé par votre prénom

Parti pris

VIOLENCES VERBALES : LES ENSEIGNANTS AUSSI

Même l'enseignant peut « faire un bon mot » au détriment des élèves. Prenant la classe à témoin, il fait rire les uns en faisant rougir les autres. Les épithètes volent bas. « Tu es nul ! Pauvre cloche ! Tu n'arriveras à rien. Ah ! Je vois bien que tu ne seras jamais Victor Hugo ! » ; « Qui m'a fait ce torchon ? Tu as dû faire tes devoirs sur la table de la cuisine ! »

Comment nier qu'il s'agit de violences verbales ? L'agression verbale n'a pas besoin d'utiliser des mots grossiers pour blesser.

Comment comprendre qu'un enseignant, un éducateur, se laisse aller à faire un mot facile sur l'élève en difficulté ? C'est que l'usure du travail le mine. La relation pédagogique, celle qui se construit entre lui et les élèves, est une relation forte qui exige beaucoup de l'adulte, bien plus que ne le perçoit l'adolescent. Le professeur enseigne. Il assume la plus noble mission qui soit : celle de transmettre et d'humaniser la connaissance !

C'est bien parce qu'il se sent agressé par l'obstination de l'élève à ne pas comprendre que le professeur le traitera d'abruti ou de débile ou mettra en cause la qualité de ses neurones. Un bon élève est valorisant ; un élève lent à comprendre ne rend pas son prof fier de ses dons de pédagogue...

Alors : « C'est celui qui le dit qui y est ? » Pourquoi pas ? Je crois que la formule s'adapte aussi bien aux adultes qu'aux ados, aux profs qu'aux élèves. En vous traitant de « nul », c'est lui-même que le professeur fustige.

Maryse Vaillant

ou votre nom, être puni parce que vos parents ont oublié de signer votre cahier... Vous éprouvez d'autant plus de difficultés à supporter ces violences que vous ne savez pas y répondre. Aussi pouvez-vous estimer à bon titre que ce n'est pas « juste ». Le jugement que les adultes ou les enseignants portent sur vous peut vous faire terriblement souffrir. Il suffit que le professeur de maths déclare, au moment de la remise des copies, que vous êtes nul pour que vous ne vous sentiez pas à la hauteur. Bernard Defrance, dans *La Violence à l'école*, le souligne : « Il a souvent été relevé que le drame des enfants qui échouent est qu'ils s'attribuent eux-mêmes la responsabilité de l'échec : "Je n'ai pas assez travaillé"... Ils développent alors un mépris d'eux-mêmes qui se transforme en mépris pour les autres ou en mépris diffus pour la société. » Certains d'entre vous acceptent le verdict de leur professeur et se dévalorisent; d'autres, au contraire, se révoltent et se livrent alors à des actes de violence pour décharger leur trop-plein d'agressivité.

« Il y en a certains qui essaient de me faire travailler, tandis que d'autres me laissent en vrac au fond de la classe. »

**Maxime, 15 ans, lu dans
« Les Adolescents face à la violence ».**

Certaines mairies ont mis en place des équipes de soutien scolaire pour les élèves qui ont des difficultés dans certaines disciplines. Renseignez-vous dans la mairie de votre commune. En général, la participation est faible et proportionnelle aux revenus des parents.

Le racket : briser la loi du silence

« Tu me donnes ton blouson, sinon je te fais ta fête »; « Passe-moi ton exercice de maths ou je cogne sur ton petit frère »; « Prête-moi cent balles ! » Le racket est un acte de violence qui est dénoncé actuellement par les pouvoirs publics, même s'il ne touche qu'une minorité d'élèves.
Selon une étude réalisée en 1998-1999 dans les lycées et publiée par le ministère de l'Éducation nationale, les faits graves se répartissent ainsi : violences verbales, 70,8 %; port d'armes à feu, 0,2 %; port d'autres armes (dont bombes lacrymogènes), 1,7 %; coups et blessures, 22,4 %; violences

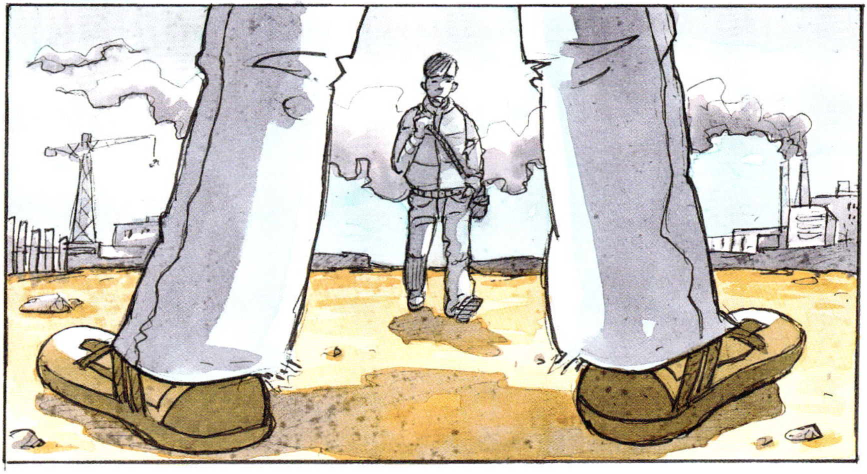

sexuelles, 1,6 % ; racket, 3,3 %. Victime de racket, vous souffrez énormément de devoir apporter chaque jour à votre agresseur un stylo, un Walkman, des jeux vidéo… voire de l'argent, sous peine de vous faire tabasser. En effet, le racketteur sait d'autant plus vous imposer sa loi que vous êtes plus jeune, plus timide. Il n'a d'ailleurs pas toujours besoin d'être violent pour obtenir ce qu'il veut.
Il suffit qu'il vous intimide, qu'il vous fasse peur et qu'il maintienne sans cesse la pression pour obtenir toujours plus. C'est ainsi que certains d'entre vous commencent par donner leur stylo et finissent par fouiller dans le portefeuille de leurs parents pour satisfaire aux exigences sans cesse grandissantes de leur agresseur. Pourquoi d'ailleurs s'en priverait-il ? Le racketteur sait qu'il vous tient à sa merci, comme une proie, par le silence.
En effet, par peur de la réaction des adultes, des représailles de votre agresseur ou par crainte que la situation n'empire, vous vous taisez le plus souvent, ce qui ne fait qu'accroître votre peur et votre isolement.
Vous craignez également d'être considéré comme une « balance », un mouchard par les autres élèves. C'est ainsi que la loi du silence s'installe peu à peu ; elle ne profite qu'à votre agresseur. Certains rackets durent des semaines,

des mois, voire des années, et peuvent s'étendre également dans les transports en commun, dans votre quartier. Violence subie dans la plus grande solitude, le racket peut vous conduire à déserter certains cours, à refuser l'école et parfois aussi à voler. Dans de rares cas, heureusement, la victime est conduite au suicide, seule façon pour elle d'échapper à la torture quotidienne que lui inflige son racketteur. En effet, à chaque fois que le rackettè croise son agresseur, il est persuadé d'être en réel danger, jusqu'à ce que la peur devienne terreur et provoque un déséquilibre profond. La victime s'enferme alors dans son problème, persuadée que personne ne pourra l'aider à trouver la solution. Le lâche n'est pas la victime qui va donner son blouson ou son paquet de cigarettes et partir en courant, mais l'agresseur qui s'entoure de copains pour s'en prendre à plus faible que lui. Si vous êtes victime de racket, ce n'est pas en cédant à votre agresseur que vous vous en débarrasserez, bien au contraire ! Il n'est pas question non plus de tenir tête seul car vos agresseurs peuvent devenir mauvais. La première chose à faire, c'est de parler pour faire cesser cet engrenage dans lequel vous êtes enfermé. Vos copains

sont en mesure de comprendre la gravité de votre situation et de vous venir en aide. Eux-mêmes seraient soulagés de savoir qu'ils peuvent compter sur vous s'ils étaient confrontés au même problème.
En appelant au secours, en brisant la loi du silence, vous faites preuve de courage. Faites comprendre à vos parents que vous allez mal, que vous avez besoin d'eux. Vous pouvez également aller voir un adulte dans le lycée (enseignant, assistante sociale, infirmière scolaire, conseiller principal d'éducation…).
Si vous ne réussissez pas à vous confier à quelqu'un de votre entourage, vous pouvez contacter les permanences téléphoniques mises en place dans les régions pour aider les victimes de racket (voir à la fin de l'ouvrage). En général, c'est un psychologue, une assistante sociale, un médecin ou un juriste qui vous répond. Il vous aidera à comprendre dans quelle spirale vous êtes enfermé, saura écouter votre souffrance et votre révolte, vous conseiller sur les démarches à entreprendre pour faire cesser le racket.
Rappelez-vous ce qui s'est passé en Italie quand la population a commencé à se révolter contre la mafia : il en a fallu du courage à ceux qui ont dénoncé leurs oppresseurs ! Dites-vous que ceux qui vous rackettent sont comme tous les despotes : ils se servent de votre peur comme d'une arme. Votre courage consistera à vous révolter contre cette peur.

• Que risque le racketteur ?

Le racket est un délit sévèrement puni par la loi. Si le racket s'est produit au sein de votre lycée, le proviseur est chargé de faire appliquer le règlement de l'établissement au(x) responsable(s). La sanction peut consister en une exclusion provisoire ou définitive du lycée.
Il est évident que cette sanction ne peut changer les choses ; un jour ou l'autre, votre agresseur peut revenir : sa place est dans l'établissement scolaire et non chez lui ou dans la rue. Alors, il serait important que vous réclamiez une mesure de conciliation afin de l'aider à comprendre qu'il a d'autres voies que la violence pour exprimer son malaise. Acceptez

de rencontrer votre agresseur en présence d'un adulte en qui vous avez confiance tous les deux. Vous pourrez ainsi sortir de la position de victime pour retrouver une place digne dans l'école et dans la société.
Le proviseur de votre lycée vous conseillera également de porter plainte au commissariat de police, avec l'aide de vos parents. En effet, cette démarche est très importante pour que vous soyez restauré dans vos droits de victime et que vous puissiez tourner la page. Le racketteur pourra également prendre la mesure de son acte et faire l'objet d'une mesure pénale de réparation. Rappelez-vous que le racket est un délit. Dans le Code pénal, il est inscrit comme vol avec violences (ou extorsion) et atteinte aux biens. Ces délits peuvent être punis de sept ans d'emprisonnement et d'une amende d'environ 106 000 euros.
En vous protégeant, vous évitez aussi à d'autres élèves d'être victimes de racket. Vous faites cesser cette spirale de violence qui empoisonne la vie de votre établissement.

Info

La loi de 1993 propose aux mineurs ayant commis un délit une activité d'aide ou de réparation à l'égard de la victime ou dans l'intérêt de la collectivité : s'occuper des jardins de la mairie, aider aux Restos du Cœur...

Autres formes de harcèlement

Un racketteur harcèle sa victime pour assurer un pouvoir. Mais le racket n'est pas le seul moyen d'exercer un harcèlement sur l'autre jusqu'à empoisonner son existence au lycée. Pratique courante dans les établissements scolaires, le harcèlement consiste à agacer, à tourmenter ou à brutaliser systématiquement et de façon répétée un élève choisi comme souffre-douleur.
La victime idéale, la tête de Turc, c'est le bon élève qui ne s'est pas fait accepter comme bon camarade, le jeune bègue, le chétif ou l'obèse; en somme, toute personne qui est différente. Comme dans les rangs d'élèves, on n'aime pas voir les têtes qui dépassent... À l'issue d'une étude réalisée dans des établissements scolaires de Scandinavie, un professeur de

psychologie suédois, Dan Olweus, a publié un ouvrage, *Les Violences entre élèves. Harcèlements et brutalités.* Il a constaté que les élèves les plus jeunes et les plus faibles sont généralement les plus exposés. Les garçons ont davantage tendance à être victimes de ce type de violences parce que leurs rapports sont plus brutaux, plus directs. Les filles utilisent des méthodes de harcèlement plus subtiles : ce sont les médisances, les calomnies, les rumeurs…
La victime se tait parce qu'elle se sent coupable de ne pas pouvoir affronter son ou ses agresseurs. Totalement sous leur emprise, elle finit par penser qu'elle ne vaut rien, elle se sent honteuse et stupide. Paradoxalement, le jeune finit par donner raison à ses agresseurs. Et comme il a du mal à user de violence pour se défendre, il reste seul avec sa souffrance. Coupable d'être victime, l'élève agressé se retrouve totalement isolé, pour des mois ou des années.

En s'acharnant ainsi sur leur victime, les jeunes drainent une grande part de l'agressivité de tous les autres qui assistent à la scène sans y prendre part, certes, mais sans s'y opposer non plus. Parmi les spectateurs passifs, combien se vengent ainsi, par bourreau interposé, de leurs échecs scolaires personnels et de leur rage envieuse ? Sachant que la victime est une cible facile qui n'osera pas riposter, les autres ne voient pas de mal à l'embêter aussi un peu. C'est ainsi qu'un adolescent, seul, perdu, égaré, peut devenir la cible de tous.

Apparemment, les agresseurs ont plutôt une bonne image d'eux-mêmes ; comme ils ont le groupe des rieurs de leur côté, ils se sentent gonflés de leur importance, de leur prestige et peuvent ainsi exercer en toute liberté leur pouvoir, leur domination. Ils ne se contentent pas d'attaquer et d'opprimer souvent d'autres élèves, ils sont également effrontés et insolents envers les adultes. Si on les réprimande pour leur comportement, ils se débrouillent pour se disculper et faire porter le blâme sur leur victime ou ses copains.

Derrière ces actes gratuits et méchants se profile également une espèce de jubilation de vagues instincts vengeurs. Pourquoi les agresseurs veulent-ils à tout prix se prouver qu'ils sont les plus forts ? Parce qu'au fond d'eux-mêmes ils se sentent faibles et fragiles. Si certains agresseurs ont besoin d'affirmer ainsi leur puissance sur les autres, c'est qu'ils en doutent... Il n'y a pas de violence gratuite. Un collégien bien dans sa peau n'éprouvera nullement le besoin de martyriser ainsi ses camarades.

Peut-être que dans sa famille l'agresseur n'a pas reçu de limites précises à ses comportements agressifs ? Aussi agit-il avec un sentiment de totale impunité et son agressivité a-t-elle tendance à augmenter. Peut-être aussi a-t-il été habitué aux coups dans son enfance et les a-t-il banalisés.

Comme dans certains cas de racket, des victimes ont été poussées au suicide à la suite de harcèlements constants de la part d'autres élèves. Les cas sont rares, heureusement, mais ils sont suffisamment graves pour qu'on en tienne compte.

Conclusion

Tous ces phénomènes de violence à l'école ne doivent pas être généralisés. Ils diminuent si les élèves peuvent communiquer facilement avec les professeurs et l'administration.
Dans son enquête, *La Violence en milieu scolaire,* Éric Debarbieux constate que, dans certains quartiers difficiles, des établissements sont épargnés par la violence scolaire parce que quelques équipes éducatives et enseignantes mènent contre elle une lutte efficace. Ce sont des équipes soudées et dirigées par un chef d'établissement dynamique unanimement apprécié. « Force est de constater que l'"effet établissement" est loin d'être négligeable », conclut Éric Debarbieux.
Vous pouvez contribuer à ce que votre établissement sorte de la catégorie « en crise » et entre dans la catégorie « en marche ». Pour cela, vous devez vous mobiliser. Proposez des journées sur la violence, sur les droits et les devoirs, sur le respect. Si vous soutenez un projet, vous trouverez toujours un ou des adultes pour vous relayer. La violence décroît toujours lorsque les gens se parlent et qu'ils mettent leurs efforts en commun.

S'INVESTIR AU SEIN DU LYCÉE

« Jusqu'en troisième, je faisais partie des élèves les plus bagarreurs du collège. J'avais l'impression que, sinon, personne ne me respecterait et, surtout, je voulais faire comme mes copains. Quand je suis entré en seconde, j'ai réalisé que cela ne servait à rien de jouer à la forte tête, sinon à casser l'ambiance du bahut. Et puis mes copains avaient soit redoublé soit été réorientés. Je me suis libéré de leur influence. J'ai alors mis toute mon énergie à faire en sorte que tout le monde se sente bien au lycée. Aujourd'hui, je suis délégué de classe. Dès qu'il y a un problème, chacun sait qu'il peut compter sur moi. Je suis content de pouvoir me sentir utile et je ne regrette en rien mon changement. »

Bill, 16 ans.

S'investir au sein de votre lycée

Participez activement à la vie de votre lycée ! Ainsi, vous pourrez connaître son fonctionnement, ses règles et prévenir les actes de violence. Comme vous serez davantage en contact avec les adultes qui travaillent tous les jours au lycée (professeurs, conseiller principal d'éducation, infirmières, etc.), vous saurez exactement à qui vous adresser en cas de problème. Vous pourrez formuler auprès d'eux vos impressions ainsi que celles de vos camarades sur l'ambiance au lycée, les risques de violence à prévenir… Aussi n'hésitez pas à vous impliquer.

• Devenir délégué de classe

Pourquoi ne postuleriez-vous pas pour devenir délégué de classe ? En tant que représentant des élèves de votre classe, vous êtes habilité à parler au nom de tous au sein de l'établissement et auprès des enseignants. Élu chaque année, quelques semaines après la rentrée, vous siégez aux conseils de classe qui se réunissent chaque trimestre pour évaluer chaque élève. Vous pouvez également être présent aux conseils de discipline – chargés de prononcer les sanctions envers un élève qui a commis une faute grave – ainsi qu'au conseil d'administration du lycée. Présidé par le chef d'établissement, en présence des enseignants, des membres du personnel encadrant et de parents d'élèves, le conseil d'administration adopte notamment le budget, les comptes financiers, le règlement intérieur. En tant que délégué, vous pouvez exprimer les difficultés que vous rencontrez tous les jours dans le lycée ou même faire des propositions. Être délégué de classe est un rôle sérieux qui vous valorisera et vous aidera à aller de l'avant. Si vous n'avez pas envie de le devenir, vous pouvez malgré tout vous investir dans la vie de votre lycée en formulant vos besoins auprès de celui qui a été élu.

Adresse

Site du conseil national de la vie lycéenne :
http://www.vie-lyceenne.education.fr

• Le Conseil pour la vie lycéenne

Vous pouvez également entrer au sein du Conseil pour la vie lycéenne (CVL), où sont débattues toutes les questions concrètes qui peuvent se poser dans votre établissement : règlement intérieur, soutien scolaire, hygiène et sécurité, vie associative… et violence. Importante force de proposition, le CVL permet de mieux prendre en compte vos attentes, afin d'améliorer vos conditions de vie au lycée. Au sein de ce conseil figurent des lycéens que vous élisez pour deux ans en octobre, lors des « journées citoyennes », ainsi que des représentants des délégués de classe. Le CVL se réunit plusieurs fois dans l'année. Il est placé sous la présidence du chef d'établissement et sous la vice-présidence d'un lycéen. Il rassemble des représentants des élèves, des personnels et des parents.

Faites l'apprentissage de la citoyenneté

L'école est une deuxième maison, donc un lieu de conflits à l'image de la cité ou de la famille, où vous testez l'autorité et où vous demandez justice et équité.

• Respecter les règles de la courtoisie

Désamorcer la violence, c'est bien sûr rétablir des règles claires de discipline, des droits et des devoirs, mais c'est simplement savoir dire bonjour, respecter les règles de courtoisie. Jacques Pain, professeur de sciences de l'éducation à Paris X-Nanterre et spécialisé dans les questions de violence et d'adolescence, raconte que dans un lycée professionnel « le chef d'établissement et son adjoint ont pris l'habitude de saluer matin et soir élèves et personnels devant leur établissement. Deux fois par semaine, ils circulent un peu plus avant dans le quartier. Ils préviennent ainsi, évitent ou règlent un maximum de problèmes. Le bonjour et le bonsoir deviennent la règle » (in *Les Adolescents face à la violence*).

• Instituer un règlement intérieur pour structurer la liberté des élèves

Dans les établissements scolaires, il est essentiel aussi que le règlement intérieur soit parfaitement lisible et respecté scrupuleusement par tous les élèves. Cette loi de l'établissement,

garante de la liberté, définit ce qui est permis et ce qui ne l'est pas. Il ne s'agit pas de limiter la liberté mais de la structurer par l'institution de la loi.
Le règlement intérieur permet à l'enseignant de sanctionner un élève qui a manqué à la loi de l'établissement. La sanction ne consiste pas à utiliser la violence contre la violence quand on a le pouvoir. Elle doit être utilisée comme le prix convenu à payer pour être réintégré dans le groupe social alors qu'on s'en était exclu par la transgression. La sanction, c'est la réparation, c'est-à-dire le point final au conflit, c'est la réconciliation devenue possible.
Pour les enseignants comme pour les élèves, il est extrêmement sécurisant de savoir que les décisions ne sont pas imprévisibles ni improvisées, à la tête du client ou en fonction de l'humeur du jour, mais qu'elles s'inscrivent dans un plan d'ensemble cohérent. Il est important également que les enseignants disent aux élèves comment ils entendent travailler, quelles sont les règles de fonctionnement et les valeurs à respecter. Le règlement de l'établissement permet ainsi à l'élève d'intégrer la loi sociale. La loi interdit et elle autorise, elle punit et elle protège. Sans la loi, l'enfant n'aurait jamais la parole et le fort et le puissant auraient tous les droits. Les lois sont les garants de nos libertés. C'est ce que l'école doit vous apprendre. C'est ce à quoi vous devez contribuer.
Au moment de l'inscription dans votre établissement scolaire, vous recevez un exemplaire du règlement intérieur qui devra être signé par vous (si vous êtes majeur) ou par vos parents (si vous êtes mineur).

• Des sanctions éducatives efficaces

En cas de transgression des règles établies en commun, la sanction doit être éducative. Une sanction humiliante ou qui exclut n'est pas éducative ; une sanction qui provoque un sentiment d'injustice ne l'est pas non plus. Elle ne conduit pas à la paix mais provoque la guerre.
À l'école, l'exclusion ne peut être qu'une décision exceptionnelle : tout élève doit y trouver sa place. Pourtant, certains de ceux qui dérangent tout le monde doivent être

sanctionnés. C'est là que la réparation peut être très utile. Celui qui a mérité d'être sanctionné se voit proposer de faire quelque chose au profit de l'établissement. Par exemple, on lui demande de réaliser une peinture ou une fresque, d'écrire des textes, une chanson, de participer à la réfection de ce qu'il a dégradé, d'organiser ou d'accompagner une activité pour les petits, etc.

Ainsi, il reprend sa place dans le groupe. Il montre qu'il sait faire autre chose que des bêtises, des incivilités ou des délits ; il apparaît sous un autre jour. Chaque fois qu'une école a mis en place des actions de réparation, elle a fait baisser très fortement le niveau d'insécurité et la violence.

Intégrer les lois de la société

Insultes, bagarres, racket... Pour vous aider à comprendre quels sont vos droits et vos devoirs, les chefs d'établissement demandent de plus en plus à des partenaires extérieurs d'intervenir dans les classes.

Par exemple, des Comités d'éducation à la santé et à la citoyenneté (CESC) ont été mis en place dans certains lycées et collèges pour débattre de divers problèmes (violence, absentéisme, conduites suicidaires, usage abusif d'alcool, de tabac, toxicomanies...), avec l'aide de partenaires tels que la police, la justice, les associations de quartier. Ces comités peuvent notamment mettre en place des points écoute pour aider les élèves en difficulté. S'ils existent dans votre établissement, renseignez-vous auprès de votre conseiller principal d'éducation ; il vous montrera le programme qui a été établi pour l'année scolaire.

Désormais, la police n'attend pas qu'il y ait un délit dans un lycée pour intervenir. Elle est présente, en amont, pour prévenir tout acte, toute infraction qui peuvent être poursuivis par la justice. La police rappelle aux élèves que l'injure peut être sanctionnée, de même que les agressions, la perturbation d'une classe, la menace à un professeur. Tous ces faits et gestes, s'apparentant à de véritables agressions,

ne sont pas acceptables au sein du lycée. La police peut expliquer également aux élèves que le simple fait de mettre une main aux fesses d'une élève constitue une atteinte sexuelle tombant sous le coup de la loi. Si d'autres faits graves se sont déroulés au sein de l'établissement (racket, vol…), les correspondants de la police interviennent également pour rappeler que la loi est la même pour tous, avant d'entamer une procédure de justice. Ainsi, les élèves mis en cause apprennent à assumer la responsabilité de leurs actes.
À la suite de ces interventions, les élèves comprennent mieux les multiples rôles de la police, qui n'a pas pour seule vocation de réprimer, de punir, mais a également celle de prévenir, de définir les limites à ne pas dépasser. Ils apprennent ainsi à faire la distinction entre le pénal (la loi générale), la discipline scolaire (le règlement intérieur de l'établissement) et les règles élémentaires de la vie en collectivité.
Comme le souligne le commissaire de police Didier Mazoyer : « Peu à peu, les élèves nous identifient non plus comme ils ont l'habitude de nous voir, avec toutes les étiquettes qu'ils peuvent nous coller, mais bel et bien comme nous sommes réellement. » (dans *Face aux incivilités scolaires, quelles alternatives au tout sécuritaire ?*).

Permanences téléphoniques

• Enfance et partage :
Tél. : 0 800 05 12 34.
Numéro Vert gratuit à partir d'un poste fixe. Défend et protège les enfants victimes de mauvais traitements et d'agressions sexuelles. Du lundi au samedi, de 9 à 20 heures.
www.enfance-et-partage.org

• Allô enfance maltraitée :
Tél. : 119 ou 0 800 05 41 41.
7 jours sur 7, 24 heures sur 24 et gratuit sur toute la France si vous téléphonez d'un poste fixe ou d'une cabine. Répond à toutes formes de maltraitance : violences physiques, psychologiques, abus sexuels…
www.allo119.gouv.fr

• Croix-Rouge écoute :
Tél. : 0 800 858 858.
Numéro Vert du lundi au vendredi, de 10 à 22 heures, et les samedi et dimanche, de 12 à 18 heures.
Permet de parler de ses souffrances : peurs, solitude, dépendances, conflits familiaux.
www.croix-rouge.fr

• Fil santé jeunes :
Tél. : 0 800 235 236.
Mal à la vie-pouvoir en parler.
Anonyme et gratuit (sauf portable) tous les jours, de 8 heures à minuit.
www.filsantejeunes.com

• Écoute parents :
(pour les parents des enfants de 6 à 18 ans habitant Paris).
Tél. : 01 44 93 44 86.
Du lundi au vendredi, de 14 à 18 heures.

• Écoute sexualité contraception :
Tél. : 0 800 803 803.
Permanence téléphonique mise en place par le Mouvement français pour le planning familial et la Mairie de Paris. Elle reçoit les appels de Paris et sa région. Numéro Vert gratuit d'un poste fixe.

• Inter service parents :
Accueil téléphonique pour parents.
Tél. : 01 44 93 44 93.
Du lundi au vendredi, de 9h30 à 12h30 et de 13h30 à 17 heures, sauf mercredi après-midi et jeudi matin.
www.epe-idf.com

• Jeunes violences écoute :
Tél. : 0 800 20 22 23.
Numéro Vert contre les violences scolaires et le racket
Appel anonyme et gratuit (sauf portable), 7 jours sur 7, de 8 à 23 heures, y compris les jours fériés, pendant toute l'année scolaire.
Ce numéro est destiné aux victimes de violences de la région Île-de-France.
Le Numéro Vert peut être appelé de n'importe quelle cabine téléphonique, sans carte ni monnaie. Il n'apparaît pas sur les factures détaillées de téléphone.

• La Porte ouverte :
Tél. : 0 825 33 33 11.
Aide les personnes souffrant de solitude, de dépression ou qui sont tentées par le suicide.

• Ligne Azur :
(jeunes en recherche d'orientation sexuelle et leurs proches)
Tél. : 0 810 20 30 40 (numéro

Azur, prix d'un appel local).
Lundi, mercredi et vendredi, de 14 à 19 heures. Mardi et jeudi, de 17 à 22 heures.
Les écoutants, en majorité des jeunes, répondent à toutes sortes de questions concernant la sexualité.

• **Paris ados services :**
Tél. : 01 42 40 20 42.
3, rue André Danjon,
75019 Paris

• **Service public de lutte contre les discriminations raciales :**
(mis en place par le gouvernement). Tél. : 114.
Tous les jours, du lundi au vendredi, de 9 à 19 heures.
Numéro gratuit.
www.le114.com

• **S.O.S. amitié :**
Tél. : 0 820 066 066.
ou 01 42 96 26 26.
24 heures sur 24.

• **S.O.S. dépression :**
Tél. : 01 45 22 44 44.

• **S.O.S. suicide phénix :**
Tél. : 01 40 44 46 45.
Permanence téléphonique assurée 7 jours sur 7, 24 heures sur 24.
Antennes en province (Belfort, Bordeaux, Clermont-Ferrand, Lyon, Nice).

• **S.O.S. violences** :
Tél. : 0 801 55 55 00.
Du lundi au vendredi, de 9 à 17 heures.
Cette permanence téléphonique a été mise en place par le ministère de l'Éducation nationale.
Numéro Azur : prix d'une communication locale. Victime ou témoin de violences à l'école, il faut parler : menaces, chantages, agressions, bizutages, rackets, vols et violences sexuelles.

• **Suicide écoute :**
Tél. : 01 45 39 40 00.
Permanence téléphonique assurée 7 jours sur 7, 24 heures sur 24.

• **Viols femmes informations :**
9, villa d'Este, 75013 Paris.
Tél. : 0 800 05 95 95.
Numéro Vert (appel gratuit d'un poste fixe) du lundi au vendredi, de 10 à 19 heures.
SOS femmes, Tél : 01 40 33 80 60.

Autres adresses

• **Fondation pour l'enfance :**
17, rue Castagnary,
75015 Paris.
Tél. : 01 53 68 16 50.
www.fondation-enfance.org
Propose une antenne accueil tous les après-midi (de 14 à 17 heures) pour les jeunes victimes de maltraitance.

• **Institut national d'aide aux victimes et de médiation (INAVEM) :**
1, rue Pré-Saint-Gervais,
93500 Pantin.
Tél. : 01 41 83 42 00.
Numéro Azur (pour vous permettre d'avoir directement les coordonnées du bureau d'aide aux victimes le plus proche de votre domicile) : 0 810 09 86 09 (communication au prix d'appel local).

• Mouvement français pour le planning familial :
(confédération nationale)
4, square St-Irénée,
75011 Paris.
Tél. : 01 48 07 29 10.

Adresses par thèmes traités dans l'ouvrage

Racisme

• Ligue des droits de l'homme (FIDH) :
(fédération internationale)
17, passage de la Main-d'Or,
75011 Paris.
Tél. : 01 43 55 25 18.

• Ligue internationale contre le racisme et l'antisémitisme (LICRA) :
42, rue du Louvre,
75001 Paris.
Tél. : 01 45 08 08 08.

• Mouvement contre le racisme et pour l'amitié entre les peuples (MRAP) :
43, bd Magenta, 75010 Paris.
Tél. : 01 53 38 99 99.

• S.O.S. Racisme :
28, rue des Petites-Écuries,
75010 Paris. Tél. : 01 53 24 67 67.
www.sos-racisme.org

Violences sexuelles

• Collectif féministe contre le viol :
9, villa d'Este, 75013 Paris.
Tél. : 0800 059 595 Numéro vert.

• Fédération nationale solidarité femmes :
32, rue des Envierges,
75020 Paris.
Tél. : 01 40 33 00 11.

• S.O.S. inceste pour revivre :
11, rue Millet, 38000 Grenoble.
Tél. : 04 76 47 90 93.

Permanences d'accueil Des structures d'aide dans les grandes villes de France

Tous ces lieux d'accueil sont là pour vous écouter dans les difficultés personnelles, familiales ou sociales et vous aider dans vos démarches.

• Les bureaux (BIJ) et points d'information jeunesse (PIJ)
Ce sont des lieux de ressources pour obtenir des informations de toutes sortes : aides aux projets (organismes de formation…), adresses des foyers de jeunes travailleurs, renseignements sur la vie quotidienne (santé…).

• Les points info-écoute
Ils vous accueillent, vous écoutent et vous accompagnent en cas de dépendances (drogue, boulimie.) ou toute autre forme de mal-être qui vous fait vous sentir isolé et différent des autres.

• Espaces santé jeunes
Ils organisent de la prévention pour les jeunes (12-25 ans) de

façon anonyme et gratuite. Dans ces espaces se trouvent des infirmières, des psychologues, des diététiciens, un gynécologue, une conseillère conjugale et familiale pour répondre à tous vos problèmes : contraception, début de grossesse, méconnaissance de son corps, phobies, comportements alimentaires, violences conjugales, problèmes relationnels, divorce, recherche de logement, manque de couverture sociale... Les espaces santé jeunes proposent notamment des visites médicales pour les jeunes afin de faire le point sur leur état général de santé.

• Les clubs de prévention
Aide à la recherche de logement pour les jeunes en difficulté, en errance. Pour connaître l'adresse du lieu d'accueil le plus proche de votre domicile, téléphonez à la section jeunesse de votre mairie ou à Fil santé jeunes.

Magazines spécialisés sur la violence et la non-violence

• Alternatives non violentes
48, route de l'Eure
27340 Les Damps
Tél/fax : 02 35 23 05 81.
E-mail : anv.revue@wanadoo.fr

• Non violence actualité
BP 241 45202 Montargis cédex,
Tél : 02 38 93 67 22.
E-mail :
nonviolence.actualite@wanadoo.fr
www.nonviolence-actualite.org
Diffuse des informations sur la non-violence en France et dans le monde. A publié notamment un Guide des ressources 2003-2004, des outils pour apprendre à vivre ensemble : mallettes pédagogiques, jeux coopératifs, livres, BD, vidéos, affiches, CD. Outre ces documents, figurent également de multiples adresses, contacts, sites Internet permettant de s'informer, de se former et d'agir contre la violence dans son environnement.

Mais aussi...

• Journal du droit des jeunes (mensuel)
Revue d'action juridique et sociale.
16, passage Gatbois
75012 Paris.
Tél/ fax : 01 40 37 41 25.

Crédits photographiques

p. 10 : Claudine Doury/VU ; p. 45 : Denis Dailleux/VU ;
p. 62 : Collection Kharbine-Tapabor ; p. 72 : SNCF ;
p. 74 : Boris Horvat/AFP ; p. 81 : Boris Horvat/AFP ;
p. 95 : Philippe Schuller/Editing ;

Photo de couverture : Raoul Minsart/Masterfile

Recherche iconographique : Natalie Saint-Martin.

Conception graphique : Rampazzo & Associés

Mise en page : Lucile Jouret

Conforme à la loi n°49-956 du 16 juillet 1949
sur les publications destinées à la jeunesses.

ISBN : 2-7324-3104-4
Dépôt légal : février 2004
Imprimé en France par Pollina, b85400 Luçon - n° L92195